教育的本质

毕海洋◎著

中国纺织出版社有限公司

国家一级出版社
全国百佳图书出版单位

内 容 提 要

教育是培养人的活动。自有人类社会以来就有教育，它的职能是根据一定社会的要求，传递社会生产和生活经验，促进人的发展，培养社会所需要的人才。本书分为三篇，上篇为教育的力量源于家长的觉醒，主要讲述家庭教育中父母的人格对孩子的影响；中篇为人格的完善胜于知识的获取，主要讲述培养孩子人格的重要性；下篇为让孩子变得更卓越从培养能力开始，主要讲述培养孩子能力的重要性。

图书在版编目（CIP）数据

教育的本质 / 毕海洋著. --北京：中国纺织出版社有限公司，2022.3

ISBN 978-7-5180-9346-5

Ⅰ. ①教… Ⅱ. ①毕… Ⅲ. ①教育研究 Ⅳ. ① G40-03

中国版本图书馆CIP数据核字（2022）第026425号

责任编辑：段子君　　责任校对：高　涵　　责任印制：储志伟

中国纺织出版社有限公司出版发行
地址：北京市朝阳区百子湾东里 A407 号楼　邮政编码：100124
销售电话：010—67004422　传真：010—87155801
http://www.c-textilep.com
中国纺织出版社天猫旗舰店
官方微博 http://weibo.com/2119887771
三河市延风印装有限公司印刷　　各地新华书店经销
2022 年 3 月第 1 版第 1 次印刷
开本：710×1000　1/16　印张：13
字数：143 千字　定价：48.00 元

前言

所谓本自具足，就是知道自己什么都不缺少，不需要向外界索取能量，自己就能散发光和热，自成宇宙。结合现实来说，就是这个人不仅内在什么都不缺，内心充满自信、充满阳光，拥有自我满足的喜悦，还可以用自己的光和热去温暖周围的人。这样的人就是独立而完整的。

每颗生命的种子都具有无限的生命力，只不过由于各种障碍，表现出来的生命力可能存在差异，但这只是一种表象。每个人的本质，都是本自具足。明白这一点，就能更加充满自信，不会妄自菲薄，不会因为一时的障碍而迷失方向和放弃，也不会去盲目崇拜名人或大师，更不会看不起别人。

从本质上来说，每个人都是一样的。所有的灵性指导，都在告诉你，要理解一切、接受一切，不能漫无目的地选择，因为彼此的本质是一样的。

本自具足的人，内心是安定的，绝不会动荡不安。他们知道真理就在那里，只要走过去即可，只要坚定走下去即可。他们绝不会因为一点点成绩而忘乎所以，停止前进，也不会因为一点点挫败而自暴自弃。

每个人都是一个宇宙高级智慧高层维度的质点，自带全部维度的所有智慧，就是本自具足。科学表明，即使最聪明的人如爱因斯坦，也只使用了大脑 5% 的能量，还有 95% 的潜能没有被使用和开发。

从母体中呱呱坠地时，我们都是本自具足的，只不过后来受到环境的影响，逐渐被现实蒙蔽，只能被迫去追求一些身外之物，无论是否得到，都会感觉不到满足，迷茫而空虚，丢掉了原本最重要的东西。

好的教育，是帮助孩子找到那个本自具足的自己；教育的本质是一个灵魂唤醒另一个灵魂。这也是传道的基本特征！

2021 年 10 月

目录

下篇　让孩子变得更卓越从培养能力开始

上篇
教育的力量源于
家长的觉醒

第一章
觉悟：家教理念的觉醒

只有人格才能影响人格，只有人格才能形成人格

俄国著名教育家乌申斯基说过："在教育中，所有的一切都应以教育者的人格为基础，因为只有人格才能影响人格，只有人格才能形成人格。"

德国著名哲学家卡尔·西奥多·雅斯贝尔斯（Karl Theodor Jaspers）在《什么是教育？》中写道：

教育的本质是，一棵树摇动另一棵树，一朵云推动另一朵云，一个灵魂唤醒另一个灵魂。

究竟什么是最好的教育？怎样教育能够取得最佳的效果？教育并不是要我们教给孩子一些外在知识，而是要努力挖掘孩子的内在潜能，让他们去认知这个世界，发现世界的奥秘，找到自己存在的真谛。

只有引导孩子进行自我教育，才是真正的教育。

一个人小时候接受的教育，决定了他未来的发展。

影响孩子最深的认知，最重要的场所是家庭，而不是学校。只要人多的地方，情形就会异常复杂。从这一点来说，学校要比家庭复杂。忽视了家庭这个教育的重阵，完全指望学校的教育，不仅难以达到目的，还可能适得其反。

事实上，很多问题的出现本身就源于我们自己。

一次坐公交车时，看到这样一幕，让我感触很深。

公交车进站后，人们陆续上车，一对父女上了公交车。女儿上车后，一屁股就坐在了老弱病残孕的专座上，爸爸则坐在了后面。爸爸很快就发现了女儿的座位，喊女儿："妞妞，快来这里，到后面坐。"

女儿只有七八岁的样子，她有些不解："不用了，坐在这里挺好。"

爸爸离开座位，走到女儿身边，解释道："这是给老弱病残孕准备的座位，你占了人家的座位，等会儿有人来了，就得让座。到时候你就没座位了，站着多不舒服。"

女孩迟疑了一下，最终还是站起来，跟着爸爸坐到了后面。

在这个案例中，"爸爸"坐公交车显然很有经验，他还将自己的人生经验告诉了女儿，也很心疼自己的孩子，好像是个好爸爸。但认真思考一下，他的这种言行会对孩子产生什么影响？如果是我，可能不会干涉孩子的决定，如果后面确实有老弱病残孕上了车，孩子主动让座，我会鼓励和赞赏他的行为，如此孩子就能养成优秀的品质。这位爸爸的疼爱行为，只

3

会让孩子变得自私，只懂得从自我出发。

这件事虽然很小，但会对孩子的思维模式产生影响。要想将孩子培养好，家长首先要树立一个好榜样，这是最直接、最有效、最健康的教育方式。

所有好的教育，都带着智慧的光芒和发自内心的关爱。真正的教育，都会将孩子当作独立的人格来引导，绝不会直接想当然地给予。智慧的父母都会教导孩子自信而不自满，独立而不孤立，会激发他们的想象能力、质疑能力、自理能力、谦逊能力……

一次逛商场时，一位妈妈对女儿说："等一会儿，我看到了一件很便宜的羽绒服，我去给你奶奶买下来。"

这位妈妈似乎很孝顺，很节俭，但这些话语会影响孩子今后的人格发展。这句话会告诉孩子，给老人买东西要买便宜的。等孩子长大后，给老人买东西时就可能专挑便宜的买。那么，如何说才是最恰当的？可以这样对孩子说："宝贝，这件羽绒服特别适合你奶奶，我想给你奶奶买下来，你等会儿妈妈。"这样说，你的那种迫不及待的孝心就会在孩子面前表现出来，孩子就会明白"行孝不能等"的道理。

究竟什么是人格？从字源角度来说，我国古代汉语中是没有"人格"这个词的，只有"人性""人品""品格"等相关词语。例如，孔子曾说："性相近也，习相远也。"他认为，个体差异来自环境和教育，人格的形成以遗传因素为基础，是在与环境的相互作用中形成的，它稳定、统一、独特。虽然无法改变孩子人格的遗传因素，却可能也有机会为孩子健康人格的形成提供后天的发展机会。

父母具备很强的人格魅力，其言行举止就能对孩子进行一种潜移默化的教育和鞭策，促进孩子的健康成长，这样，孩子以后是积极向上的、勤奋刻苦的、真诚善良的、博爱宽容的。虽然有些特质可以通过后天的努力慢慢改变，但有些特质却是深入骨髓的，会深深地蛰伏在个人的潜意识里，几乎不可改变。

真正的教育，需要回归到人格的本质上。只有人格才能影响人格，只有人格才能形成人格。

孩子的生命本身就是本自具足的，并不需要家长"教"什么

网络上，曾出现过这样一则小视频：

一匹马不小心陷入了沼泽地，大半个身体深陷泥潭，主人倾尽全力，也没能将它救出来，最后只好放弃。这匹马只能在沼泽中静静等死。

两个牧马人骑马路过这里，看到这一幕，内心感到异常难过。

甲说："这匹马真是太可怜了，我一定要想办法将它挖出来。"

乙说："根本就无法将它挖出来，去把咱们的马群赶过来，看看它能不能出来。"

马群很快就奔腾而来，围绕着沼泽地如游龙般驰骋，一圈、两圈……

困于沼泽中的马奋力挣扎。群马撒欢奔跑的力量感染了它，点燃了它的希望，它慢慢地从泥潭中挣脱出来，加入了马群，跟它们一起在草原上尽情奔跑。

之后，弹幕中出现了这样几句话：生命陪伴生命，生命唤醒生命。唤醒生命的是本自具足。

生命中遇到的所有，都是行走在这条路上的彼此陪伴。

家人和朋友是这样，同学和同事也是这样。

玩耍是，学习和工作也是。

每个人都是自己生命的主角，其他人都是来陪伴和帮助我们的。在人群的陪伴下，我们就能安然笃定地找到自己心中的方向和智慧。

在这段视频中，牧马人并没有用拉、挖、抽打等方法来挽救陷在泥潭中的马，他只是让一群马围着它自由奔跑，让马儿激发出了对生命的渴望和内在力量。同样，在家庭教育中，想让孩子成为什么样的人，父母首先要努力做这样的人，充分相信并激发孩子的无限智慧。

教育的最高境界是唤醒孩子觉察本自具足的内在力，这也是传道的本质。

孩子的内心世界宛如一个装满宝藏的盒子，在这个盒子里，更多的是智慧、理性、意志、品格、美感、直觉等生命能量。每个心灵都是自然宇宙与人类智慧的结晶，每个孩子都有丰富的心灵与巨大的潜能，家庭教育的主要功效就是将其内在的良知和潜能唤醒。

著名哲学家苏格拉底的父亲是一位著名的石雕师傅，一天，父亲在雕刻一只石狮子，小苏格拉底在一边观察。一段时间后，他突然问父亲："父亲，如何才能成为一个优秀的雕刻师？"

父亲告诉他："以这只狮子为例，我并不是在雕刻石狮子，而是在唤醒它。"

小苏格拉底不明白："唤醒？"

父亲说："狮子本来是沉睡在石块中的，我会将他从石块中解救出来。"

"唤醒"，确实是一个富有启发意义的教育箴言。

在家庭教育中，我们要唤醒孩子心灵深处的天赋潜能和内在力量，让孩子从蒙昧中觉醒，不能一味地要求孩子学习，更不能无限度地给孩子增加学习负担。

1.唤醒孩子的内在觉察力

要想唤醒一个高维度的智慧，父母就得具有高纬度的智慧，将自己的智慧投射到孩子身上。要不断地修炼自己，发现自己本自具足的特性，有意识地去唤醒另一个灵魂。记住，现实中遇到的所有问题都能在自己身上找到答案。

2.唤醒孩子觉察本自具足的内在力

其实，孩子出生时就自带高纬度的智慧信息，家庭教育的目的就是用中国传统文化理念，通过各种方式，比如培训和学习，与中国传统文化的源头实现联通，让孩子明白：人生的终极意义是通过学习不断提升自我，觉察本自具足，提高自己的思维维度和智慧，发现人生的大美，最终达到天人合一的境界。

因此，在教育孩子的过程中，一定要将注意力集中在孩子内在的觉察力上，让孩子明白人生的意义和目的，知道学习的原因和内容，知道背后隐藏的秘密，让孩子感受到随处可见的喜悦；同时，将世界的游戏规则教给孩子，让孩子以较高的视角来看待世界当下的迷宫，清楚地明白一切。

记住，家庭教育的目的不在于传授和灌输某种外在的、具体的知识与技能，而是要从心灵深处唤醒孩子的自我意识、生命意识，促使孩子以价值观、生命感和创造力尽快觉醒，让他们的生命意义更自由、更自觉。

父母教育孩子的过程就是情绪转化、能量转移的过程

父母教给孩子的知识、道理、规则，孩子不仅会忘记，甚至会产生逆反心理；而父母教育孩子过程中的情绪状态却会直接传递给孩子，并被孩子内化到自己的生命中，成为自己的情绪和情感模式，影响他们的一生。

情绪化的父母是无法协助孩子建立稳定的自我价值感的，只会让孩子变得更加情绪化。真正的教育只有在父母平静时才会真正发生，急躁或愤怒的父母即使做出了努力，孩子也无法感受到。因此，父母教育孩子的过程就是把自己的情绪调整到平静、喜悦的过程，而平静、喜悦的状态就是爱。

心理学研究表明：人格大约在孩子 7 岁时就会形成。孩子们都异常敏感，而家庭是培养孩子良好情绪最有效的地方。父母的情绪管理是孩子性

格和为人处事的基础，只有温和的父母，才能培养出平和友好的孩子；情绪失控的父母，只能养出脾气火爆的孩子。

现实生活中，很多父母情绪一触即发，会对孩子大吼大叫："你怎么这么不听话，说过多少遍了，怎么还记不住？"

陪孩子写作业，三言两语说不通就生气，最终将自己气进了医院。

辛苦工作一天回到家，孩子大吵大闹，直接吼一声，吓坏孩子……

其实，所有的问题都可以得到解决。"吼"孩子，不仅会气坏了自己的身体，还会影响和谐的亲子关系。遇到上述情况时，不妨先问自己以下几个问题：

这件事值得我发火吗？

发火了，会造成什么样的后果？

我真的控制不了现在的情绪吗？

我现在的感觉是第一次才有的吗？

当出现这些想法时，你的情绪已经稍有缓和了；问自己这些问题时，已经开始自我暗示并试着去调节情绪了。比如，我努力工作，对孩子寄予那么大的期望，他做作业却拖拖拉拉，态度不认真，我真的很生气，我想要爆发了……这时候，家长可以生气，但不能对着孩子大发脾气，孩子没完成作业一定另有原因，不能气坏自己的身体，不能伤害孩子。

想完这些问题，接受了生气的自己，不仅会从内心接受孩子，行为上也会接受。虽然这个过程非常难，但这是应对情绪爆发最好的方式。

丈夫在家待业一个多月了，妻子每天早出晚归辛苦工作，回到家后有时还会因为生活琐碎和丈夫吵架，心理压力很大。看到孩子不小心打碎了一个碗，她当场发飙，不仅推搡孩子，还骂他为什么那么笨。

妻子的情绪差到了极点，训斥完孩子，丈夫说了她几句，嫌她整天唠叨。之后的好几天，孩子只要一看到她，眼里就充满恐惧，做事蹑手蹑脚。

家人之间没有什么问题是解决不了的，不能肆无忌惮地发脾气。否则，有时候不经意说出的话，会伤害孩子的自尊心。将来再遇到类似情况时，孩子可能会采取与你相同的方式。

情绪焦虑的家长一般都喜欢从外部向孩子进行灌输、施压，将更多的负面情绪轻易释放在幼小的孩子身上。但这种"爱"很容易转化成"恨"。

家，不仅是传递爱与温暖的通道，也是传递恨与伤害的通道。家里有个情绪化的人，会加剧家庭的不幸。父母情绪不稳定，孩子就会变得焦虑、敏感、自卑，做事喜欢看人脸色，无论获得多大的成就，都会显得不自信。只有情绪稳定的父母，才能营造轻松快乐的家庭氛围，孩子才会乐观自信，才能拥有足够的安全感，不会害怕因说错话或做错事而遭到父母的责骂。

记住，爱是最好的教育。

孩子不用"管"，全靠认知感

人与人之间最本质的区别就在于认知能力，它是传递信息的核心枢纽，认知一旦被困，认知以外的所有信息就会被过滤或抛弃，无法形成有效的信息传递闭环。同样一件事，在不同认知的人眼中完全不同，甚至可能得出完全相反的结论，最终结果更会有天壤之别。

同理，在家庭教育中，父母的认知决定了孩子的行为，父母的行为决定了孩子的行为。提高父母的认知，孩子自然就能具备超级感知力。

这天，叶子拿着水杯从电视机前走过，正坐在沙发上看球赛的爸爸突然站起身，抡起胳膊，朝着她的脸就是一巴掌，大声吼道："还不滚开，你挡着我看电视了。"

叶子惊讶地看了爸爸一眼，委屈的泪水夺眶而出。她跑回自己的房间，反锁了房门，大哭起来。叶子所有的自尊与对爸爸的爱，都被那莫名其妙的一巴掌埋葬了。

爸爸被自己粗暴的行为怔住了，将那只一时失控的手收回来，恨不得扇自己一巴掌，他竟然蹲下身子哭起来。至今，他也不明白自己为什么扇女儿一巴掌。

人到中年，经历了人生风雨后，已经形成了难以改变的观念，即使是自以为非常随和的人，也可能固执己见，只是自己还没有意识到。同时，很多父母也会遗忘了自己年少时的感受。这个年龄正好和孩子的心理成长期重合，父母的认知自然就会极大地影响孩子。

为了让孩子少走弯路，让他们过得更好，很多父母都恨不得把所有经验和教训统统告诉孩子，让10多岁的孩子具备30岁的认知，20岁的孩子具备40岁的认知。可是，对孩子来说，从书本上获得的知识，从父母那里听到的道理，都需要经过一定时间的实践和沉淀，才能变成自己的认知。

除了自身条件和不可选择的起点，个人的前途主要受限于认知。一旦父母的认知出现偏差，就会对孩子产生负面影响。父母即使身份低微，但认知能力强，愿意陪伴和培养孩子，也能给孩子创造好的人生起点。

蔡笑晚一生过得很勤苦，一共生了6个孩子。那时候，他是个体医生，跟家人居住在小村庄一间租来的老房子里。这是一个16平方米的两层楼，坐南朝北，冬热夏冷，楼下是厅堂，楼上是一家八口的卧室和书房。这里是6个孩子卓越人生的起点。

长子蔡天文，美国康奈尔大学博士，宾夕法尼亚大学的终身教授。

次子蔡天武，美国罗彻斯特大学博士，曾任高盛公司副总裁。

三子蔡天思，美国圣约翰大学毕业，在国内发展。

四子蔡天润，美国阿肯色州立大学博士，在上海经营私立医院。

五子蔡天君，中国科学技术大学硕士，在中国建设银行工作。

小女蔡天西，美国哈佛大学博士，哈佛大学教授。

成就确实可喜。蔡笑晚是怎么做到的？答案是：认知。

他认识到，教养好孩子是一个家庭最重要的事情，也是父母对社会最大的贡献。

他认识到，人的智力几乎都差不多，真正决定成才的是非智力因素。

他鼓励孩子立志，屋子里贴满了爱因斯坦、牛顿、居里夫人等名人的画像，回荡的是科学家的故事。

他拓展孩子的胸襟，培养他们的恢弘气概，在20世纪70年代末，大家还不能吃饱饭的情况下，他却带着孩子游遍大江南北。

他用艺术点燃了孩子的创造力。他每天6点钟在楼下拉二胡，用悠扬的音乐叫孩子们起床。他还亲自动手做了一张多功能乒乓球桌，白天是球桌，晚上是床。孩子们放学回来，都会围着桌子鏖战。他精心设计了灯光舞场，让全家人沉浸在艺术的海洋中。孩子们学习完了，他就吹笛子，让他们在音乐中休息。

他重视财商教育，从3岁开始，就让孩子存零花钱，5岁时孩子都有一个存折，他培养了孩子理财的兴趣和能力。

蔡笑晚知道，在孩子一生中，早教具有不可估量的作用，智力超常都是早期教育的结果。他将自己的主要精力都用在真正的教育上，比如语言训练、思维训练、专注力训练、自学能力训练等。

被迫从物理系退学当赤脚医生的他，长年坚持学习，自学了相对论，写论文，写书。他放弃了一切娱乐，把终身学习、服务他人践行到底，给孩子做出了最好的榜样。他关注孩子的成长，指导孩子学习，给孩子提建议，尊重孩子的意志。

正是因为蔡笑晚具有高水平认知，才在贫穷的条件下，为社会培养出了优秀人才。

过去的父母还可以说，社会条件有限，提升认知水平太难。今天的父母，再也不能以此为借口了。因为在信息无比丰富和廉价的时代，任何人都能通过努力提高自己的认知水平。

中国的先哲老子曰："知人者智，自知者明；胜人者有力，自知者强。"只有父母正确地认识自我，才能更准确地认识、分析和了解孩子，对孩子各个阶段的成长进行科学有效的引导。

关于孩子的教育问题，父母的认知水平千差万别，主要有以下七个层次。

第一层：放养型。

放养型的的父母，对孩子的教育几乎没有太多认知，只会任由孩子"自然生长"。比如，一些小摊小贩，带着孩子一起摆摊，孩子在周边玩耍，至于孩子未来会变成什么样，几乎听天由命。

第二层：物质满足型。

受自己小时候生活环境的影响，长大成人后，认为给孩子多花钱，就是对孩子好。可事实上，现在跟我们小时候不一样了，那时候是为了生存，现在是为了活得更好。可活得更好，不单单指物质上的满足。这个层次的父母非常辛苦。他们工作拼命，努力赚钱，陪孩子时间太少，只会通过买东西来表达对孩子的爱。

第三层：陪伴型。

陪伴型的父母会花时间陪伴孩子，但不懂得高质量陪伴；他们会有意识地腾出时间，陪伴孩子，见证孩子的成长，也会尝试着教育孩子。但孩子遇到问题时，他们并不能采取最好的方法应对，认识不清晰，比较迷茫。他们理解的陪伴，可能仅仅是在同一个屋檐下生活，在同一个空间里待着，根本就不知道什么是"高质量陪伴"。

第四层：目标导向型。

目标导向型父母会为孩子规划好未来，并严格执行；会提前帮孩子制定未来的教育目标，比如，清华、北大。目标确定后，他们就充满了动力，并乐此不疲。但这类父母，做事容易急功近利，太多看重成绩，奖罚分明。他们疯狂追求孩子每个小阶段的目标，一旦进程受阻，孩子就要承受父母的情绪压力和责罚，需要承受巨大的精神压力，甚至会出现心理健康问题。

第五层：医生问诊型。

这个层次的父母为了教育好孩子，会不断学习并提升自己。他们更多关注的是，孩子出现问题时该如何解决，具体原因是什么，还能不能找到更好的方法来解决孩子成长过程中的问题。但是，这个层次的父母都比较疲累，因为孩子成长过程中会遇到很多问题。

第六层：自我提升型。

这个层次的父母知道，为了教育好孩子，首先得提升自己，让自己变得更好。他们情绪更稳定，知道自己的长处和短板，并愿意与孩子共同努力，一起成长。他们更注重言传身教，会给孩子树立一个良好的榜样。

第七层：导师教练型。

这个层次的父母知道，每个人都是独一无二的。他们会引导孩子做真实的自己，会一路鼓励孩子，发现孩子喜欢、擅长的事务，帮助孩子发挥自己的"天赋"，使之成为最独特的人。

　　总之，不同认知水平的父母，采取的教育方式、取得的教育效果也会千差万别。同时，父母对教育的理解要经历一个动态的过程，"层次"只是对某个阶段的简单概括，想要跃升层次，就要多学习、多探讨。

第二章
觉知：智慧时代，父母的使命

父母的终极使命是培养人格健全的孩子

2016 年 11 月 5 日，北大心理学博士徐凯文老师的演讲《时代空心病与焦虑经济学》刷爆朋友圈。他在这段演讲中提到，"北大四成新生认为活着没有意义""30% 的北大学生厌学"，他把这种状况称为"空心病"。

所谓"空心病"，就是价值观缺陷导致的心理障碍，主要表现为：觉得人生无意义，生活迷茫，不知道自己想要什么，最极端的做法就是放弃自己。事实证明，越优秀的孩子越容易生这种病。主要原因在于，他们对分数非常敏感，把分数当作衡量个人成败的唯一标准，承担着巨大的压力，人生观和价值观都被扭曲。

有这样一个案例：

儿子从小就是学霸，一路都是重点学校，考试成绩都是位列年级前三，最后被保送进了名牌大学。可是大学毕业刚一年，他就失业三次。前两次是没过试用期，第三次是自己估计不能通过试用期，主动打包走人。之后，他不再寻找工作，在家一待就是半年，整天打游戏到深夜，无节制地吃垃圾食品。

妈妈非常着急，私下给儿子的前领导打电话。对方坦诚地说："你儿子对工作不上心，好几次给他安排的工作，他根本就不干。批评他一次，第二天就不上班了。而且他不太懂事，开会总是呛领导，走廊上见到老总也不打招呼，与同事相处得也不好……"

听到这段话，妈妈感到很吃惊。她承认儿子确实有点自我，但没料到问题如此严重。在她的心目中，儿子非常优秀，一直都是她的骄傲，她也觉得自己是个成功的母亲，怎么一下子就变成这样了？

其实，通过这位领导的言语，我们很容易找到答案。在这个孩子身上有些糟糕的特质，比如，不善与人交往、不懂尊重他人、心理脆弱、责任心差……只不过在上学期间，这些问题都被成绩掩盖了。

人生路漫漫，父母和儿女不可能彼此陪伴一辈子，父母要懂得放手。著名心理学家阿德勒在他的著作《儿童教育心理学》中提到："培养孩子健全的人格，才是教育孩子的首要目的。"

由于从小就被灌输贫穷观念，所以女孩特别在乎金钱。那时候，父母总是对孩子说：

"哎呀，你怎么这么浪费钱，我和你爸这个不吃，那个不买，都是为了你，你怎么这么不懂事？"

"不要买乱七八糟的，家里没有钱，你怎么一点都不懂事？"

"有什么好买的，这个东西这么贵又没有什么用，浪费钱。"

女孩长大后，成了高级白领，手上有一笔存款，60多万元。同事和朋友都劝她买房，按照当时的房价，只要首付10万元就可以拥有一套小户型商品房。可是，她不敢拿出10万元来购买房子。五年后，房价急速涨高，即使把60万元都拿出来，也不够房子的首付。

每次被朋友拉去买护肤品，她只会喝一杯20元左右的奶茶；每次花钱旅游时，都是抠抠索索……她处于一种极其痛苦的状态，觉得自己这样花钱罪大恶极。即使是自己努力赚到的钱，也无法安心享受。

节俭是中华民族的传统美德，很多父母都注重对孩子的节俭教育，希望孩子能够勤俭节约，艰苦奋斗。为了培养孩子的节俭精神，有些父母会对孩子一味地哭穷，向孩子灌输"咱家没钱""花钱可耻"的观念，并为孩子不舍得花钱的行为而沾沾自喜。可是，一味地教孩子节俭，穷养孩子，对孩子真的好吗？

长期被灌输这种思想观念，即使孩子长大后有钱了，也会缺少安全感，唯一能让他有安全感的，就是存折上的数字。孩子就像得了一种如影随形的病，将父母的言行植入心中，从此挥之不去。

父母对孩子的教育应该是积极向上的，不能是负面的、消极的，即使想让孩子知道自己的不易，想要孩子形成勤俭节约的习惯，也不能采用这种方式。否则，只会让孩子变得越来越没有安全感。培养孩子健全的人格才是最基础的教育。既然要培养孩子，就要让他们的内心得到丰满自足，让他们健康成长。

人格健全的孩子是积极乐观的，他们内心富足，即使遇到挫折，也不会轻易放弃，能够用平和的心态来面对成功和失败。

一个 8 岁女孩，在一场短道速滑 500 米比赛中不慎摔倒，整个人都趴在了冰面上。但女孩没有自怨自艾，而是不顾疼痛，奋力爬起来继续往前冲。最终，奇迹发生了。她虽然起跑失利，但由于她拼命追赶，在接近终点时反超 3 名选手，摘得桂冠。女孩在接受采访时说："我从没有想过放弃，我也不应该放弃，教练和爸爸妈妈都是这么教我的。"

在孩子的成长过程中，都会遇到挫折和苦难。父母给孩子怎样的"暗示"，就会塑造出怎样的孩子。消极的心理暗示，是画地为牢，只能让孩子日渐颓废气馁，把未来困入囚笼；积极的心理暗示，却能点石成金，可以给予孩子勇气和力量，引导他们扬帆远航。教会孩子如何面对不如意的人生，拥有乐观的心态，习得坚韧的品格心智，是为人父母的必修课。

教育家卢梭曾说过："人的教育在他出生时就开始了，在他不会说话和听别人说话以前，他就已经受到教育了，教育的基础是家庭。"孩子是种子，家庭就是土壤，孩子的未来，说到底，拼的就是父母的功底。

心理学家武志红认为，中国式亲子关系最大的矛盾，就是缺乏界限感。为人父母，最难的不是给予多少爱，而是懂得适时退出：

3 岁退出餐桌，孩子才能学会自己吃饭；

5 岁退出浴室，孩子才能明白身体的界限；

8 岁退出房间，孩子才能懂得尊重隐私；

14 岁退出厨房，孩子才能学会独立生活……

越爱孩子，越要给孩子的成长留出空间。与其用温柔的桎梏给孩子织就"铁网"，不如适当放手，给他们自由，让他们更好地走出去。

最成功的教育就是让孩子成为独一无二的自己

每个孩子都是独一无二的，最成功的教育就是让孩子成为独一无二的自己。从小就被期待做父母希望的样子，孩子就会压抑自己的需求和情绪，逐渐跟真实的自我失去连接，灵性泯灭，潜能也无法发挥。

一直以来，很多父母都喜欢问这样一些问题：

"怎么才能让孩子像他们班上成绩好的同学那样变得爱学习啊？"

"怎样才能把孩子教育成像 ×× （孩子）那样，不让我操心啊？"

……

如果有人问他们："为什么要把孩子教育成别人家的孩子？"

通常他们都会回答："别人家的孩子听话，不让大人操心呀。"

每个孩子都有自己的人生舞台，要想让他们成为舞台的主角，就不能按成人的标准要求他们，否则只会压抑他们的需求和情绪，让他们脱离真实的自我，成为"优秀"孩子的"复制品"。

教育是根雕艺术，不是泥塑艺术。所谓"根雕"，就是按照树根原本的样子，经过艺术家的精雕细刻，使其成为独一无二的精美艺术品；"泥塑"则是按照提前设定好的模式，塑造出一批跟原型一模一样的艺术形象。

为了发掘两个女儿的天赋，居里夫人像做科学研究一样，对他们进行观察和比较，她发现大女儿伊伦娜在数学上比较聪颖，二女儿艾芙在音乐上比较早熟。

居里夫人还发现伊伦娜喜欢科学，推理能力比较强，智力和反应能力都像父亲，便给她创造了很多机会，让她接触实验操作。1935 年，伊伦娜和丈夫获得诺贝尔化学奖，而艾芙最终成为一名优秀的钢琴家和记者。

每个孩子都是上帝赐给我们的唯一，家长要像居里夫人一样，拥有一双慧眼，努力发现孩子与众不同的地方，并精心雕琢，用心培养。

每个孩子都是一颗种子，有的很早就会绽放，有的则需要经过漫长的等待，还有的种子则永远不会开花，因为它会长成参天大树。父母不要过分在意是否"开花"，只要孩子被唤醒，终究会成长为独一无二的自己。

很多人都拜读过作家三毛的作品，她的文字生动、有趣、活泼，读起来酣畅淋漓。可是，读过《三毛自传》就会发现，童年时期的三毛，非常叛逆，异常孤僻。

三毛跟同学和老师的关系都不太好，他们都认为，三毛是一个不合群到近乎孤僻的孩子。三毛没有朋友，她的朋友就是她读的书。为了跟这位

"朋友"相处，三毛经常逃学、翘课，到安静的坟场读书。

三毛升入初中二年级后，甚至都不屑于装样子去学校上课了，看到她不成器，父母只好将其带回家里教育。于是，三毛休学了。

在家里，父母给了三毛最好的教育，就是父亲陪三毛一起看书。三毛非常高兴，每天都会跟父亲一起读古文、念小说集，三毛还有一些自由支配的时间，她如饥似渴地沉浸在书的海洋中。

后来，三毛还跟着老师学习了绘画和哲学。按照自己的人生规划，三毛决定出国留学。父母虽然对每个阶段的三毛都有着某些期待，但三毛从未按照他们预想的方向去走。

三毛的画作得了铜奖后，决定去一所文化学院做选读生，父母欣喜异常地带着她去缴费注册。拜见师长时，大家都认为她会选美术系或国文系，但三毛最终选择了哲学系。

父亲拿出手绢擦了擦汗，然后高兴地说："好了，三毛终于上大学了。"

父母给了三毛无条件的爱和支持，从没有因为她孤僻古怪的性格而厌弃她。她不想上学，就将她接回家；她想学画画，就带她去找老师；她没有走父母期待的绘画之路，就由着她去学前途未卜的哲学……因为三毛是他们的孩子，父母在她身上倾注了全部的爱。

每个孩子都是独一无二的。有的孩子动手能力强，有的孩子喜爱武术，有的孩子善于交际，有的孩子具有绘画天赋，有的孩子天生就有一副好嗓子……即使是老师眼中的"差生""坏孩子"和"最笨的孩子"，找到各自的天赋后，顺应趋势去努力，最终也能取得意想不到的成绩。

孩子是独立的生命个体，就像世界上没有完全相同的两片树叶一样，让孩子成为独一无二的自己，比让他成为复制的"好孩子"更好。

最成功的家庭教育不是让孩子变得多么优秀，而是让孩子成为独一无二的自己。让孩子按照自己的步调走，才能走得更长远。

1. 让孩子认识自我

自我认识是对主观自我（我眼中的自己）和客观自我（别人眼中的我）的认识和评价，家长要让孩子认识自己的身体特征和生理状况，自己在家庭、学校和社会中的价值和地位，自己的心理活动和特征等。比如，"我"是一个身材匀称、善于交往、易怒、懂事的学生，就是孩子对自己身心特征的认识，是一种主观自我。

此外，还可以让孩子与同伴比较，倾听他人的评价，让孩子认识客观自我。不过，这里的比较只是一种认识自己的途径，而不是给孩子确定目标，比如，"我"的英语学习成绩中等。

2. 让孩子接纳自我

在认识自我的基础上，孩子就会产生自我评价，家长要利用积极评价，帮助孩子树立自信。但是，任何人都不是完美的，家长还要引导孩子接纳自己的不完美，以免孩子走入自卑的怪圈。

对于主观存在的不完美，比如，偏科、易怒等，可以让孩子通过目标和计划慢慢尝试做出改变。

对于客观存在的不完美，比如，身材矮小、躯体缺陷等，可以鼓励孩子全面认识自己，看到自身的优势，不执着于自己的不足，或者换个角度欣赏和接纳自己。

3. 让孩子监控、调节自我

家长要教孩子一些自我控制的方法，比如，深呼吸、先思后行、少说多做等，调节自己的行为，使行为符合群体规范和社会道德要求，以免因做得好而自傲或因冲动而伤害别人。

此外，家长还要给孩子创造培养兴趣的机会，帮助孩子发展特长；鼓励孩子关注和表达自己的感受，让孩子的情感更细腻；让孩子参与不同的劳动体验，增强孩子克服困难的勇气。

记住，优秀的父母，不在于能教给孩子多少，而在于能把孩子的内在潜能激发出来，让孩子成为独一无二的自己。

父母最应该也最需要为孩子做的事情是赋能

有这样一个寓言故事。

三位父亲都希望自己的儿子能获得幸福的人生，所以经常到庙里祈福。

三人的执着感动了神仙。于是，神仙让他们每人选择一件宝物，带回去送给儿子。

父亲甲选择了一只银碗。

父亲乙选择了一辆金马车。

父亲丙选择了一副弓箭。

得了银碗的儿子每天沉迷于吃喝，得了金马车的儿子整天在街上招摇过市，得了弓箭的儿子整天在山间狩猎。多年后，三位父亲陆续去世。少了父亲的荫护，三个儿子的命运发生了改变。

爱吃喝的儿子坐吃山空，最后不得不手捧银碗到处乞讨。

爱招摇的儿子只能从金马车上剥点金子，换回粮食糊口。

会打猎的儿子练就了一身狩猎的好功夫，总能猎得猎物，一家人吃穿不愁。

这个寓言故事让我们思考：作为父母，我们应该留给孩子什么样的财富？只留一些消耗性的物质财富，是暂时的，甚至可能害了孩子；只有给孩子留下一些终身受用的财富，才是真正对他们负责。

父母给孩子最好的礼物，就是赋能的爱。如何赋能？答案就是：给孩子充足的心理营养。要用孩子能够理解的方式，帮助他们拥有一颗丰盈的内心，获得内在的生长力。

还有一个"踢罐子游戏"的故事。

在胡同里，住着一位独居的老人，每天傍晚吃完饭，他都会坐在家门口安静地乘凉。

有一天，一群小学男生放学后，跑到他门口的空地上玩踢罐子游戏，又喊又叫，好不热闹。

几天过后，老人实在无法忍受这种巨大的噪声，客气地把孩子们叫过来，问他们能否不踢罐子。

为首的孩子一口回绝了他："我们最喜欢踢罐子了，你管不着。"

孩子们不仅没离开，还把罐子踢得更响了。

著名主持人杨澜在一次演讲中说："母亲能给孩子最棒的东西，就是一种价值观，一种世界观，一种心智模式，一种格局。我们给孩子的是一个核心。这一生，无论孩子怎样伸展，遇到外界的任何风吹雨打，他们总是可以回到这个核心。这个核心是安全的，有爱的，有力量的，独立的，自由的。这个核心，不是靠父母说教出来的，而是需要父母展示自己的活法。"养育孩子需要经历一个静待花开的过程，只要方向正确，就不怕路途遥远。因此，身为父母的我们，不要太过焦虑，要相信：只要孩子肯努力，一定会越来越好。

家庭是孩子的原生生长环境，对孩子的成长尤为重要。家长要接续学校的正能量，为孩子的成长"赋能"。

1.引导孩子树立正确的价值观和世界观

善良、有正确是非观，是孩子未来成才的关键。

2019 年，年仅 15 岁的中学生，在班级里当着同学的面用砖头猛拍一名男性老师的后脑勺十余下，致其重伤进了 ICU。事后调查，该同学居然是因为上课迟到，被老师批评了几句。

这个孩子真狠。

更可怕的是，这个学生竟然以不足 16 岁为由提出"学校没有权利不让其回校上课"，误把减轻或免除承担刑法后果认为不是犯罪，毫无愧疚感和自责。

如此，早已超出了社会对一个孩子的认知，如不严厉管教，孩子很可能会在邪恶的道路上越走越远。父母要引导孩子去思考和认知"什么是善恶，什么是好坏"。因为只有方向正确，以后所有的努力才有价值，否则只会带来更大的灾难。

2. 鼓励孩子拥有并追寻梦想

伟大人物、伟大事业都始于伟大梦想。对于一个人来说，如果没有梦想，就无法产生强大的内在动力，仅靠外在的驱使，无论是诱导还是强迫，都只能产生有限的影响，难以持续下去。

不过，梦想没有高贵和低贱之分，三百六十行，行行出状元，做好任何一行，都能成为自食其力、自我成长、受人尊重的人。核心是让孩子在内心深处建立信念和梦想，有勇气，敢想敢为。

孩子在追梦途中积极投入的快乐和遗憾，皆因真心热爱，异常珍贵。即使孩子的梦想只是个模糊的轮廓，家长也要无条件地对他们表示肯定与支持，要鼓励孩子敢想、敢说、敢为，勇于追梦。

3. 帮助孩子寻找实现梦想的路径

梦想再远大，也要通过一步步行动去实现。要教导孩子既要志存高远，更要脚踏实地。

目标确立后，要不断分解细化，把总体目标变为分阶段的小目标，阶段性目标越清晰越有利于行动计划的制订。具体实现的过程，不仅要多借助于老师的经验（这是最重要的资源），掌握学习的技巧和方法；还要多思考和总结，反思不足，形成一套适合自己的学习方法，丰富自己的知识储备，提升自己的学习能力和知识融汇能力。

除此之外，还要有明确的心理定位预期。学习的过程其实就是一个知识收集、存储、提取、使用、实践等多环节行为，不可能轻松自在。学习没有捷径，只有在掌握学习方法的基础上反复训练才能熟能生巧，才能实现量变到质变的飞跃。

中篇
人格的完善胜于
知识的获取

第三章
独立：路要自己走，才能越走越宽

想让孩子独立，家长就要适时放手

意大利教育家蒙台梭利曾说："教育首先要引导孩子沿着独立的道路前进。"美国教育家罗伯特博士也提出，现代孩子教育有十大目标，最重要的便是独立性。想让孩子独立，家长首先就要懂得放手。

娜娜从小就非常胆小，身体也不太好，家人都很心疼她。幼儿园期间，为了不让她吃亏，总是最后一个送去，最早接回来，还要对老师左托右付地恳求。

该上小学了，娜娜还不会穿系带子的鞋，只能改成松紧带式；为了让她的睡眠充足，每天早上，妈妈都会拽她起床，然后帮她穿衣洗脸。家里甚至做了明确分工，爷爷负责接送并背书包；奶奶负责饮食，包括喂饭；爸爸负责买东西；妈妈负责早上起床和功课。

娜娜是家里的中心，所有的人都围着她转，她只是站在那里观望与等待。

娜娜今年 10 岁了，正在上小学四年级，但依然与妈妈同床睡。她很怕黑，即使是卫生间，也要妈妈陪在外面。洗澡、起床，也需要妈妈伺候。做作业就更不用说了，妈妈不陪着他，她就不做，甚至连题目都不会看。

孩子不及时改正懒惰或依赖等习惯，会像传染病一样蔓延到各个方面，比如，生活中、学习中，乃至今后的工作中。所以，培养孩子的独立性要从小开始。

从 2 岁开始，父母就鼓励晓璐独自在小床上入睡，3 岁时她已经能帮父母做很多事情，比如摆碗筷、搬凳子、挥舞小扫帚扫地、包小馄饨。

进入幼儿园后，穿衣、吃饭又快又好，在同学们中也很有威信。她的思维比较敏捷，也非常勇敢，摔倒了会马上爬起来，即使父母就在旁边。如果别的小朋友不小心碰到了她，也不会大哭大闹。

晓璐喜欢自己的事情自己做，凡事爱问"为什么"，父母也尽可能地让她尝试力所能及的事情，平时很注意培养她独立自主、勇敢坚强的品质。

比如，2 岁后她经常说"我要""我想""我来"等，很逆反，一下子好像不听话了。父母阅读了一些育儿书籍，也咨询了一些有育儿经验的人，知道这个年龄段的孩子已经开始以自我为中心了，就顺水推舟，开始"刺激"她。于是，晓璐渐渐地有了大孩子的模样，自己睡觉，自己穿衣脱鞋，还会帮助家里做家务。

现在晓璐已经上四年级了，很有想法，学习成绩也不错，善于动脑筋，深受老师和同学的欢迎。

孩子长大后要想有所成就，就要具备独立性，具备独立思考、选择、判断、解决问题的能力。只有以这些为基础，才能应对生活中的各种挑战，适应现代社会的需要。

父母如果不放手，会给孩子带来很多伤害，比如：

孩子有习惯性依赖。在父母全权负责下长大的孩子，会产生"做不好也没关系，有人会帮我"的想法。即使长大了，这种想法也会存在于他们的潜意识里。

孩子产生自卑心理。孩子小时候，父母的这种行为，并不会对他们造成太大影响，但当孩子进入集体生活后，特殊性就显现出来了。看到自己什么都做不好，孩子就会滋生出失落和自卑的情绪，甚至失去前进的动力。

孩子不可能永远生活在父母的加持下，总有一天会步入社会。父母要提前为他们做好准备，提前放开孩子的手。爱孩子是父母的天性，也是责任，但是过度的爱会成为禁锢孩子成长的枷锁，只有把握尺度，懂得适当放手，才能给孩子最好的爱。

1. 不能过分迁就孩子

孩子年龄小时，犯了错误，很多父母都会迁就孩子。在孩子撒娇或哭闹之后，父母更会妥协。长此以往，孩子知道了父母的弱点，感觉有了任性的资本，就会越来越任性。

很早之前看到过这样一则报道：

男孩小时候，只要是他想要的，家人都会答应。只要不答应，他就会哭闹，有时候还离家出走，甚至以死相逼。

男孩16岁时，他的家境并不宽裕，但他花钱大手大脚，喜欢追求名牌。他想让爸爸给他买手机。爸爸不同意，他就拿刀伤害了爸爸。最后，这个孩子因为故意杀人进了少管所，而他的爸爸则进了医院。

父亲躺在病床上，对自己之前的教育方式进行了反思，后悔不已。

孩子终究会长大，成为一个社会人，过分任性的孩子进入社会后，往往会遭受更多的磨难；处理人际关系时，只顾及自己的感受，因此会处处碰壁。

父母没有原则地爱孩子，一味迁就孩子，只会让孩子变得更加任性，更加理所当然。父母要爱孩子，更要教会他们什么叫克制，教会他们为人处事的方法。

2. 少些过度关怀

如今很多孩子都缺少最基本的生存能力。父母认为孩子还小，在很多事情上干脆就帮孩子做了，等到父母不在身边时，孩子一点适应生活的能力都没有。为了让孩子独立起来，就要让他们去做力所能及的事情，掌握基本的生活技能，受到过度关怀的孩子永远不会长大。

48岁的林达从小就是学霸，大学毕业后出国留学，拿到了工程硕士学位。但是，他回国后一直不肯工作，整天窝在家里，白天睡觉，晚上玩游戏，靠老妈给的一点生活费苟活。

母亲已经78岁，身患重病，不多的退休金根本不足以支付医药费，还要挤出来给林达的生活费。她劝林达出去工作，但他死活不肯。

对于今天的局面，母亲懊悔不已："林达的事情，我样样包办，他依赖惯了……"林达也把自己的种种不顺归咎在老妈身上，说是老妈的溺爱毁了他。

想让孩子成才，就要让他们学会基本的生存技能。孩子有困难时，父母要伸手帮助，但不能一直把孩子抱在怀里。让孩子去打理自己的生活，他们就能学会如何独处，即使父母不在身边，也能生活得精彩自如。

3.让孩子自己承担责任

孩子会犯下错误，如果父母主动替孩子收拾残局，孩子就不会知道这些事情是需要承担责任的。长此以往，他们就会失去责任心，更没有能力承担自己的责任。

每个人的一生都扮演着不同的角色，承担着不同的责任，不管年龄多大，只要生活在社会中，就必须承担起自己的责任。教会孩子主动承担责任，也是为人父母的责任。

孩子犯错时，不妨让孩子自己去承担后果，总是替孩子收拾残局，不给他们创造认识错误的机会，孩子永远学不会承担责任；让孩子尝到承担后果的苦，他们自然也就不会再犯同样的错误了。

跟孩子有关的事情，让他们自己作决定

在我们身边，很多父母都认为替孩子作决定是父母义不容辞的责任，他们却忽略了一点：孩子的年龄虽然小，但也有自己的想法、喜好和判断，可能比父母更清楚自己喜欢什么、擅长什么。因此，对于跟孩子有关的事情，要鼓励他们自己作决定。

有个9岁的小男孩，爸爸是一个篮球教练，想将儿子培养成下一个姚明。于是，每天早上6点都带着孩子出去跑步，风雨无阻。跑完回来再做半个小时拍球训练，然后才吃早餐去上学。放学回来后，要进行投篮训练、力量训练，直到吃晚饭时，孩子才能停下来休息，然后开始做作业。

其实，男孩对篮球根本就不感兴趣，每次训练男孩想的都是怎么偷懒，而不是怎样把球打好。结果，不仅让男孩失去了快乐的童年，爸爸也对儿子的表现感到失望，父子关系逐渐恶化。

孩子的主动性是从内心产生的，如果父母替他们作的决定并不是他们的兴趣所在，他们就会很厌倦，也会缺乏坚持的动力。反之，如果是孩子自己经过考虑后作出的决定，就能激活自己的心理内力，就会认真对待，坚持的时间也会更长。

很多孩子只要一遇到事情，就让父母帮他拿主意，小到每天吃什么、穿什么衣服，大到要不要参加运动会、接受同学的出游邀请、参加什么兴趣班……他们没有主见。甚至很多大学生、研究生，对父母也是严重依赖，比如，什么时候该换厚被子、要不要转专业、要不要读研……自己都无法决定。

对于这样的孩子，即使目前成绩不错，未来的发展也不会太好。因为他们缺乏自信，只会被动接收信息，不了解自己的内心，缺乏创造力，没有决断力。

李琳刚回到家，婆婆就气呼呼地开始告状："你看看你女儿，交的都是什么朋友。"

李琳吃了一惊，问："怎么了？"

婆婆说："今天我到小区门口找了个收废品的，来家里收废纸箱。那个人带了个四五岁的孩子，你闺女非要和她做朋友，把家里好吃的、好玩的都拿出来送给那孩子。"

李琳觉得好笑，又有些不解：女儿怎么会对一个不熟悉的小朋友那么好？

走进房间，李琳看到女儿正噘着嘴坐在床上。她故意装作什么都不知道："是谁让我们家'开心果'生气啦？"

女儿似乎很生气："奶奶不让我跟小朋友玩。"

李玲呵呵一笑："是吗？不让你跟哪个小朋友玩啊？是球球、棒棒、还是蓓蓓？"

"是我今天新认识的一个小朋友。她叫春蕾，跟我的名字就差一个字。"

"那奶奶为什么不让你跟她交朋友啊？"

"奶奶说她家是收垃圾的，奶奶嫌她脏。"

"那你说说看，你为什么要和她做朋友？"

"因为她会唱歌，她唱歌可好听了。她还会讲故事，是她妈妈讲给她的，我全都没听过。奶奶说他们是粗人，可我拿饮料给她喝，她一直说'谢谢'，非常有礼貌。"

蕾蕾一口气说了很多，最后不解地问："妈妈，春蕾对我可好了，还懂事地帮她妈妈干活，又会唱歌、讲故事。你说，奶奶为什么不让我跟她交朋友啊？"

李琳不知道该如何向孩子解释大人的思考模式，但是那一刻，她知道女儿说服了她，剩下的问题是她该如何去说服婆婆。她抱起女儿，亲亲她的小额头，说："你的朋友你做主，妈妈尊重你的选择。"

表现型的孩子一般都热情外向、活泼开朗，喜欢结交朋友。无论走到哪里，他们都能很快地认识新朋友，融入新环境。与其简单地命令孩子不要跟某些孩子一起玩，不如坐下来跟他们分析利弊，适当地给出建议。

随着不断成长，孩子都要学会独立思考，需要决定自己的学习方向、工作行业、人生目标等。只会被动听话、事事等着别人帮他作决定，容易迷失方向，很难有大的发展。父母以"包办"的模式培养孩子，孩子没有机会作决定，不知道三餐吃什么、什么时候写作业、上什么兴趣班、读什么书……只是按部就班地服从父母的安排，怎么会懂得为自己的选择负责任呢？

知名漫画家蔡志忠在谈自己的经历时说道：永远支持孩子自己做主，孩子的一生，孩子自己要作决定。

蔡志忠很感激父母对他的教育。在他们家，从他小时候到十五岁离开家去台北当漫画家，他们家都没有问过。身为蔡家的小孩，都是自己的主人，无论做什么，都要自己决定。父母会永远支持他们。

正是因为父母的无条件支持，从不干涉他的决定，蔡志忠才能将自己喜欢的事情做到极致，创作出了《庄子说》《老子说》等100多部作品，全球销量超过4000万册，获"金漫奖"终身成就奖。

从小培养孩子自己作决定的能力，孩子就能成长为一个有主见、有决断力的人，就会坚持自己内心的声音，不会随波逐流，更不会人云亦云，会对自己的成长和人生负起责任。

心理学专家武志红曾说："一个生命的意义就在于选择，只有不断地为自己的人生做选择，这个人才算活过。相反，假如自己的人生总是被别人选择，那么这个人可以说是白活了。"

在父母单方面的规划和安排下的人生，永远不是孩子想要的人生。孩子的人生需要自己去体验和创造，因为只有这样，他们才能体会到自我价值，知道自己想要什么，找到人生的意义。

想要孩子真正成人，就必须帮助他门实现生活上的独立、思想上的独立。其中，能够自己作决定、在人生道路上作出正确的选择，就是思想独立的一个重要方面。而这种独立思考、自主决策的能力，不是"等孩子大了"自然而然就会的，需要父母从小就开始培养，从小就要给孩子提供自己作决定的机会。

1. 让孩子有机会作决定

经常为自己的人生作决定，孩子的生命力就是汪洋恣肆的，即使偶尔遭遇一些挫折，那些挫折最终也会跟成就一起，让他感受到生命的丰富多彩。研究表明，总是由父母作决定的孩子，长大后会缺乏判断力、选择的能力以及责任感，甚至不知道如何对自己负责。父母要给孩子提供作决定的机会，让孩子学会如何作决定。

2. 鼓励孩子发现问题、解决问题

自己想办法，自己解决问题，孩子就能知道遇到问题该如何思考解决方案。有时候，帮助孩子主动思考，主动对自己负责，比直接帮助孩子解决问题更有效。孩子的成长，不是一个被教育、被成人灌输的过程，而是一个自己探索、自我教育、自我创造的过程，是一个由此创造自我的过程。无论是从思想上还是从身体上，父母都要放松手中的线，给孩子自由。

鼓励孩子多尝试，不当"绊脚石"

孩子从出生到爬行这段时间，就开始不断地尝试各种事物，所以他们才能如愿健康成长。他们试着对身边的人微笑，试着挥动自己的小手小脚，试着用哭声表达需求，以可爱萌萌的样子吸引大人的注意，从而获得食物、拥抱、逗乐等成长所需的"营养"，以让自己能更好地生存。这种尝试是孩子独立的必要手段，明智的父母不会阻止。

女孩 14 岁时去美国留学，父母让她独立搭乘飞机前往。到达后，女孩被扣押在机场，因为美国不允许 15 岁以下的孩子独自飞行。女孩不知道该怎么办，只好打电话向妈妈寻求帮助，妈妈却告诉她："给警察出示相关文件证明，自己沟通解决。"女孩勇敢地照做，还很果敢地解释自己并不知道有年龄限制。

最后，警察对女孩予以放行，美国机场人员很欣赏她，还邀请她参观机舱。

敢于尝试独立，孩子才能真正获得成长。父母放手鼓励孩子大胆尝试时，他们的表现往往让人惊叹。

任何人的成功，都离不开无数次的探索和失败。孩子第一次独立做事时，如果做错了或失败了，父母不要过于责备，应帮助他们总结经验，跟他们一起寻找原因，为下次再做这件事提供经验。

一天，一个 5 岁的男孩站在小区的滑梯前，踌躇不前。妈妈蹲下来，对他说："你很害怕，是不是？你带着害怕的感受往下滑，妈妈在下面接住你。"男孩沉默了一会，然后鼓起勇气走上滑梯。他滑下来时候，眼神是闪着光的，少了过去那种恐惧的感觉。后来，男孩又陆续尝试了吊桥和攀岩，变成了一个不再恐高的孩子。

孩子产生恐惧和退缩心理时，最需要父母的关爱。

畏难这件事，第一层是"畏"，第二层才是"难"。急着鼓励孩子解决问题，否定他的情绪，要求孩子克制恐惧和勇敢尝试，很可能会加剧孩子的畏难心理，甚至会让他们产生自卑心理，继而连试一下都不愿意了。在陪孩子跨越挫折时，要多鼓励孩子去尝试，不能只关注他们能不能做到。只有知道自己能够控制结果的发生，孩子们才会有勇气向前一步，努力克服困难。

尝试做事时孩子遇到困难，如果父母说："算了，太危险了，还是不要做了""小心点，你会伤到自己的"，孩子想尝试做事的微弱愿望就会被父母"爱护"得无影无踪。反之，父母试着鼓励孩子说："没事的，来试试吧，但要注意……"，并教给孩子必要的防护方法，孩子就能避免受到不必要的伤害。

孩子最大的悲剧，就是父母不给他们任何失误或失败的机会。父母一般都不愿看到孩子失败，如果孩子某次考试成绩不理想，他们就会觉得这次考试会影响孩子的一生，孩子的人生就会很悲惨，因此很多父母都坚信：只有提高成绩，考入重点大学，孩子才能取得成就、过得幸福。

家长不许孩子碰这个摸那个，生怕孩子弄坏了。长期这样，孩子就会失去尝试新鲜事物的兴趣。

有一天，一位以色列心理学家在修电脑，平时爱捣鼓东西的儿子蹲在他旁边看，突然说要自己修。这一年，儿子刚刚11岁。虽然儿子是家里有名的"破坏之王"，但这个心理学家依然痛快地满足了儿子的要求。他出去喝咖啡，回来之后发现，电脑元件摆了一地，孩子蹲在一边，满头大汗，不知道怎么安装回去。

心理学家说："哇，你拆得真快啊。辛苦了。爸爸想和你一起组装，可以吗？"

这里，心理学家不仅没有责备儿子，还称赞了他的尝试和付出。如果换成别人，可能就会说："我以为你会修啊？以后不会的事，少逞能啊"，这只会打击孩子的积极性。

开始尝试新事物时，孩子一般都很担心，害怕做不好会被人笑话，可能不愿意尝试。遇到这种情况，我们完全可以告诉孩子："你这样做，确实有可能像你想的那样，做不好会被人嘲笑，但如果你尝试一下，也可能赢得别人的称赞。"

世界著名声乐家贝弗利·西尔斯说："失败了，你可能会失望；但如果不去尝试，那么你注定要失败。"父母要让孩子明白，要想有所发现，就必须大胆地进行各种尝试，虽然这些尝试可能会以失败告终，但是只要不断地总结教训，在总结的过程中，就能找到全新的方法。

鼓励孩子多尝试，即使失败，也是经历，也是成长。

1. 让孩子尽早开始"第一次"

一般来说，孩子长到 2 岁后，就会自然地出现摆脱父母"控制"的倾向，会大声嚷嚷："妈妈，让我自己洗脸。""妈妈，我要自己吃饭。"孩子第一次洗脸时有可能洗不干净，甚至会一边洗脸一边玩水。这时，父母不要板起脸、收起毛巾，更不能代劳，应该耐心地指点孩子，等待孩子做好；同时，还要真诚地赞赏他的表现。这样，孩子才会尽早开始"第一次"，孩子尝试了第一次后，以后做事也会越来越好。

2. 要正确引导孩子去尝试

要想让孩子敢于尝试，就要正确引导他们。父母总是把自己认为最行之有效的、现成的经验灌输给孩子，对于孩子来说，远不如让他们自己尝试得来的经验更容易接受。

父母应该明白，对于孩子来说，尝试是一种学习的机会，只有在不断的尝试中，孩子才能逐渐学到为人处事的方法，增强自信心，提高能力，向更高的目标迈进。

3. 给孩子创造尝试机会

只有在尝试的过程中感受失败，孩子才能从失败中汲取教训，从而成长起来。这种创造机会让孩子尝试新鲜事物的做法，对孩子的成长非常有益。所以，为了培养孩子自己做选择和处理问题的能力，父母要给孩子创造机会，让他们勇于去尝试。

第四章
自信：自信是孩子健康成长非常重要的前提

学会麻烦孩子，让孩子时刻感觉到被需要，是提高自信心的最好方法

被人需要，是自我价值的体现。感觉到自己被人需要，并努力去满足这种需要，就是责任感。

现实中，我们总会听到这样的表述："家里需要我挣钱，我要努力去挣钱。"这是责任感。"祖国需要我……""老百姓需要我……""孩子们需要我……""某某事业需要我……"这些表述的实际意义，其实都是在解释自己肩负的责任及具有的价值。

其实，肩负责任，满足别人的需要，原本就是人性的一部分，是每个孩子天然就有的品质。

刘婷从小就对儿子说："有儿子就是不一样。"

儿子3岁时，有一次刘婷抱他挤公共汽车，不料脚一软，没挤上车，差点摔倒在路边。儿子马上关切地问："妈妈，您怎么啦？"刘婷认真地对儿子说："妈妈的膝盖曾摔坏过，抱着你上不去车。"

儿子一听，马上跳到地上，用小手为她捶腿。刘婷抚摸着儿子的头，欣慰地说："有儿子就是不一样。"儿子十分得意，以后再也不让刘婷抱了，还经常为她捶腿。

儿子上小学二年级的一天，刘婷下班回来，儿子兴冲冲地递给她一杯茶："妈妈，您喝茶。我为您倒的。"当时茶已经凉了，刘婷胃不好，不爱喝凉茶，但她依然一饮而尽，然后知足地说："有儿子就是不一样。如果茶再热一点就更好了。"第二天，刘婷就"享受"了儿子倒的一杯热茶。

儿子上四年级的一天，老公出差，儿子非常高兴，刘婷却为难地对他说："你高兴了，我可惨了，下了班还得回家为你做饭。"结果，儿子拍着胸脯，自信地说："爸不在，还有我呢。"看他那样子，刘婷仿佛有了"依靠"，立刻"恍然大悟"："对，对。还有你，你也是个男子汉。"

第二天，放学后儿子早早就回到家，炒好两盘菜，放在盘子里，还用碗盖上。刘婷一回到家，儿子马上说："妈，您快去洗手，我给您盛饭去。"

刘婷"听话"地洗了手，坐到饭桌前。儿子盛来饭，刘婷大口大口吃起来。

儿子在旁边看着，用电视广告里的语气问："味道怎么样？"

刘婷用"广告语"回答："味道好极了。"

孩子都渴望被父母需要，被父母肯定，找到属于自己的荣誉、自信和自我价值。孩子感受到父母和社会对他的需要时，就能找到一种责任、一种幸福。

被过分溺爱的孩子，特别自私，缺乏责任感。原因在于，父母只满足了他们的需要，却没有为他们提供被人需要的机会，时间长了，他们就会失去感受和满足别人的需要的欲望及能力。

对孩子来说，"需要"和"被需要"是一双有力的翅膀，它们的动态平衡能让孩子在人生的旅途上飞得又高又稳。其中，"需要"是一种自身生理和心理上的内在驱动力，可以让孩子自发地去探索世界和社会，比如，孩子饿了就会去找吃的；而"被需要"是一种来自他人对自己的需要并折射到自我心理上的外部驱动力，可以让孩子产生帮助他人、探索世界的行为。在孩子的成长过程中，两种力量相辅相成、缺一不可。

在孩子的早期成长过程中，因为孩子幼小而可爱，父母一般都对他们充满了关心和呵护，会尽一切可能来细心安排孩子的衣食住行。如此，孩子就会逐渐养成以自我为中心的毛病，只考虑自己的想法和需要，不会顾及他人的感受，不会体谅别人的难处。等到长大了，开始上学、离开家庭、工作时才发现，会在学校和社会处处碰壁，很难适应。

心理学研究发现，当一个人被请求帮助且这件事他恰好能较轻松地解决时，是最快乐的。也就是说，很多人总是不好意思主动要求他人协助和帮忙，总觉得会给别人添麻烦，却不知道"我被需要"的感觉会让那个被请求者感觉自己很重要，感到快乐与满足。

1. 父母的"胆小"，让孩子更勇敢

在目前的"育儿指南"中，有一种极具影响力的观点，那就是为了避免孩子受到消极暗示，父母即使害怕特定的事物，也不要在孩子面前表现出来，以免孩子"观察学习"到了父母对特定事物的恐惧。其实，这种"逞强"不仅非常难为父母，也不一定能将孩子影响得更勇敢。相反，父母适当地在孩子面前暴露自己的恐惧，更容易激发孩子的保护欲和对特定事物的勇气。

2. 家人之间的"差距"，让孩子更自信

孩子虽然弱小，但他们具备很多能力，比如，音乐感知能力、语言学习能力、想象力等，都是成人望尘莫及的。而且，由于孩子自小就有着比父母更好的教育条件，孩子在某些方面往往比父母更强。父母只要努力发现与孩子之间的这些差距，并适当示弱，更容易激发孩子的自信。

比如，发现孩子在哪些方面比你强时，可以使用这样的示弱语言：

"……太厉害了，妈妈小时候都不会。"

"……能不能告诉妈妈，怎么才能像你做得一样好呢？"

"……妈妈有个请求，你来当妈妈的老师好不好？"

通常情况下，当孩子发现作为成人的父母不如自己时，就会更添信心并乐于帮父母一起进步。

3. 你的"笨拙"，让孩子更独立

生活中，偷懒的父母，更容易养出独立的孩子。

如果孩子年龄较大，迟迟不愿独立，凡事依赖父母，父母就要善于示弱，甚至故意犯错，唤起孩子对自己的担当意识。比如，如果你总是帮孩子整理书包，可以在整理时故意遗漏一些东西，让孩子次日上课时发现依赖父母带来的不便；然后让孩子亲自来整理，并对孩子进行鼓励。以此类推，逐个击破孩子的依赖行为。

学会让孩子"赢"，让他拥有充盈的心

诺贝尔奖获得者、以色列化学家丹尼尔·舍特曼，在 2019 年接受采访时说过一句话："我觉得对于最伟大的科学家来说，最大的奖赏不是来自诺贝尔奖项，而是来自他们从日常的工作中找到的乐趣、来自自我的成就感。这个感受可以通过他们的发明、发现，去更好地探索这个世界上未知的事物。"

生活中，总能听到很多家长焦虑地反映："孩子对学习没有兴趣。"

总能看到，很多孩子沉迷于网络世界、游戏成瘾。

问题的关键就在于，孩子不能在学习中获得成就感，只能在网络世界中寻求成就感。

在开往北京的火车上，邻座自豪地告诉周女士，自己的两个孩子都是大学生，女儿就读于清华大学，儿子就读于北大大学。周女士感到很好奇，向这位父亲询问教育的秘诀。这位父亲说："我教不了他们，是他们一直在教我。"原来，这位父亲文化程度不高，每天都让孩子把当天所学教给自己，孩子既要当学生又要当老师，学习劲头始终充足，学习成绩也一直名列前茅。

　　每个人生来都需要寻找存在的意义和价值。婴儿时期，学习抓握、独坐、站立、行走，其实都是在探索这种价值。其中，成就感是一种内驱力，可以让我们对自己提出更高的追求，是成长道路上必不可少的人生体验。

　　教育的最大秘诀就是：让孩子感受到成就感。因为在很多时候，是成就感带来成功，而不是成功带来成就感。很多家长都想拥有一个十全十美、对所有事情都充满热情的孩子，却发现孩子身上总有各种小问题。其实，兴趣源于成就感。一个人的成就感在哪里，他的热情就在哪里。

　　女儿跟爸爸学做面包，需要将鸡蛋打入面粉里。初生牛犊不怕虎，女儿拿着鸡蛋就使劲敲，结果鸡蛋液流了一地。连续敲碎两颗鸡蛋后，女儿生气地说，再也不做面包了。爸爸二话不说，取出一颗鸡蛋，故意敲碎。女儿哈哈大笑，好像挽回了面子，乖乖坐回了凳子。爸爸问她要不要再试一颗鸡蛋，她点头说好。

　　爸爸开始示范如何敲鸡蛋。他把鸡蛋握在女儿手里，在桌脚处轻轻敲了几下，壳破后，揭掉碎了的壳皮，然后让女儿握着鸡蛋，让蛋液慢慢流进碗里。

　　成功敲好一颗鸡蛋后，女儿试着自己上手。她学着爸爸的模样，一步一步来，让鸡蛋液安全流进了碗里。那一刻，女儿笑成了一朵花儿。

　　可见，让孩子有成就感并不是因为表扬，而是自己"学会"的快乐。在孩子心里，没有任何事比"我能行""我会做"更有成就感。

　　成就感，是指一个人做完一件事情时，为自己所做的事情感到愉快或成功的感觉。

每个人都希望获得成就感，既是对过去努力的肯定，更是拥有独特纪念意义的特殊符号，比如：

音乐家需要靠一首广为流传的音乐与大奖来获得成就感，否则迟早会淡出乐坛；

体育运动员需要总冠军与个人荣誉上的成就感，否则会匆匆结束生涯；

就连打游戏，都需要不断通关或战胜对手的成就感，否则会玩不下去。

同样，孩子们也需要同学和老师的表扬来获得成就感，在家里则需要通过父母长辈的肯定来获得成就感。但是在很多孩子成长过程中，却极度缺乏成就感。父母要多给孩子一些鼓励和表扬，让孩子体会到成就感，这也是给孩子最好的礼物。

正在上大班的晓多从幼儿园唱歌回来，直奔厨房。

晓多："妈妈，你听听。我学会唱歌了。"

妈妈："我在忙，去一边玩会儿。"

晓多："今天我唱歌唱得很好，你听听。"

妈妈："你没有看到我正在忙着炒菜吗？"

晓多："妈妈你过来，听一下嘛。"

妈妈："告诉你，现在妈妈没空。"

晓多："真的，老师说我唱得很好。"

妈妈："好个屁。难听。"

晓多："我不要屁。我不要屁。"

晓多掉头跑到客厅，一边哭着一边叫喊："我不要屁。我不要屁。"

晓多对自己的唱歌感觉很好，在学校还得到了老师的表扬，回到家想唱给妈妈听，其实只是想从妈妈那里也得到肯定，以满足她的成就需要。妈妈却不了解孩子的需要，不给孩子以相应的满足，反而给孩子泼冷水，所以孩子感到很伤心。

聪慧的妈妈都会这样做：

晓多："妈妈，你听一听我唱歌。"

妈妈："好（转个头，看一下，接着又转回来，继续炒菜）。太好听了。你先在客厅休息一会儿，等妈妈做完饭后，还要听你唱歌。"

如此，就能取得截然不同的效果，不仅能让孩子的成就需要得到满足，还能鼓励孩子今后以更大的热情投入学习中。

用看人之大的心来看自己的孩子

仔细回想一下作为家长的你，是否说过这样的话：

"我家孩子从小就胆小、害羞，从小就贪玩，不爱学习。"

"我家孩子太懒惰了。"

"你为什么总是这么磨蹭？"

"你为什么总不把东西放回原位？"

"我已经很累、很不容易，你怎么还是这么不听话、让我操心？"

相信，看不惯孩子的某种行为和表现时，很多父母都这样数落过孩子；经常性地否定或批评孩子，会让他觉得自己是世界上最糟糕的那个人。

其实，反复地强调或责骂，不仅改变不了孩子的任何问题，还可能以这样的话语或行为给孩子以"暗示"，负面强化孩子的行为，告诉他：你就是这样的。

心理暗示是个人接受外界或他人的愿望、观念、情绪、判断或态度影响的心理特点，是人或环境以非常自然的方式向个体发出信息，个体无意中接收这种信息，做出相应反应的一种心理现象。

美国著名心理学家罗森塔尔曾经做过这样一个实验：

在一所小学里，罗森塔尔让工作人员随意从每班抽 3 名学生共 18 人，将其名字写在一张表格上交给校长；然后异常认真地对校长说："经过科学测定，这 18 名学生全都是高智商型人才。" 8 个月后，罗森塔尔再次来到该校，发现这 18 名学生确实超过一般同学，进步很大；再后来，这 18 人都以出色的成绩毕业。

这时，罗森塔尔向校长说出了真话："他当初挑选这些学生时，只是在花名册上随意勾画出来的，并没有做什么测试。"

为什么在 8 个月之后竟会出现如此显著的差异呢？这就是心理暗示的作用——当罗森塔尔以权威的身份说出自己的论断后，引起了校长的重视，然后校长迅速将这种期望传递给老师，老师又将这种期望以实际行动投射到这 18 名学生身上，学生对自己的心理暗示被逐渐加强。

这就是著名的罗森塔尔效应，也称为皮格玛丽翁效应。这个实验很好地诠释了"看人之大"。

所谓"看人之大"，对于父母而言，就是发现孩子身上的闪光点并予以强化。关键不在于你看到了什么，而在于你相信什么。

20 世纪的美国，有个男孩经常在课堂上提出一些和课本无关的问题，所有教过他的老师都不胜其烦。

有一天，男孩放学回家后将一张纸条交给母亲，并对她说："这是老师交给我的，只有妈妈才能看。"

母亲打开纸条，边流泪边大声读道："您的孩子是个天才，我们学校对他来说太小了，没有好老师可教他，建议您亲自教导。"多年后，男孩发明了电灯，一举成名。他就是世界上最伟大的发明家之一——爱迪生。

母亲去世多年后，爱迪生无意间在衣柜里发现了一张纸条，正是老师当年给他的那张。他打开纸条，看到上面写着："您的孩子精神有缺陷，我们决定不让他继续就读，他被正式退学了。"爱迪生泪流满面，他在日记中写道："爱迪生是一个精神有缺陷的小孩，但是他的母亲却将他改变成了世纪天才。"

当爱迪生被所有人否定时，母亲没有责备他，而是将他视为天才。在成长的过程中，爱迪生也一直牢记母亲的话，展现出了异于常人的天赋。试想，如果当时爱迪生的母亲念出的是字条上真实的通知，爱迪生还能取得以后的成就吗？

给孩子正面评价，就是向孩子暗示他是一个很棒的孩子，从而增强孩子的自信心。相反，打击孩子，对孩子说一些负面的话，只能让孩子得到负面暗示，从而走向相反的方向。这个故事告诫我们：孩子的智能发展是不均衡的，都有强点和弱点，一旦找到最佳点，使其智能得到充分拓展，就能取得惊人的成绩。

每个孩子都有自己的长处，而闪光点就是孩子不同于他人的、潜在的优点。智慧的父母通常都能发现孩子身上的每一个闪光点。

孩子身上存在不同的潜能，这种潜能会不时地表现出来，父母要努力捕捉它们，并不断地加以开掘。

1.给孩子陪伴与沟通

要想了解孩子身上的特性，家长要肯花时间陪伴孩子。在生活的种种细节中，在亲子沟通的每一次对话中，在家长与孩子之间建立起码的信任与安全感。

只有充分信任父母，孩子才会真实、无保留地将自己的方方面面展示出来。在这个过程中，家长要注意观察，多和孩子进行深度交流，以便更好地了解孩子。

带孩子时特别不走心，一边看电视一边带、一边打游戏一边带，心思都不在孩子身上，如何了解孩子？更别说发现孩子的与众不同之处了。

2.不轻易否定孩子，因势利导

孩子好奇、好问、好动，这是他们的天性，也是最难能可贵的地方。

有时候孩子对某方面比较好奇，就会问父母很多问题，此时父母要重视孩子的问题，不能选择性忽视，更不能直接否定孩子。

孩子的问题，可以表现出他对某种事物的兴趣，家长应该格外关注，给予孩子积极的回应："这个问题问得真好。"引导他们对自己感兴趣的方面展开学习和探索。

即使孩子经常犯错误，家长也不要一味地批评他们，因为有些错误中藏着孩子另一方面的优点。只要换个角度看问题，就会取得意想不到的收获。比如，妈妈在做家务时，孩子总是"帮倒忙"，一不小心就犯了错，这时家长可以肯定孩子勤快、爱劳动的优点。

记住，发现孩子闪光点的过程，就是帮助孩子发现"我能行""我哪点最行""我哪一点会更行"的过程。多一点鼓励和引导，让孩子"自我发现"比别人发现更重要，可以极大地提高孩子的自信心。

3. 针对闪光点，给孩子锻炼的机会

教育孩子，也要懂得扬长避短。让孩子将自己的长处展示出来，别人就会认为他行，他就会朝着更行的方向努力，甚至通过自己的优势带动其他方面的进步。总是展示自己的短处，或者家长过多地强调孩子的缺点，大家都认为他不行，孩子就可能破罐破摔，影响一生的发展。

当然，家长发现了孩子的闪光之处后，要创造条件和机会，让孩子更多地展示自己、锻炼自己，将闪光点变为一种特长。比如，孩子在音乐方面表现出过人之处，家长可以在和孩子商量的基础上，让孩子学习一门乐器、给孩子报个兴趣班、鼓励孩子参加校园的艺术活动等。

第五章
敬重：敬畏之心是孩子走向成功的重要基础

让孩子知道敬重他人不是卑微，而是高纬度的强大

曾经看过一个咨询故事：

一个女孩从来都不敢穿裙子，也不好意思留长发，她怕照镜子，觉得自己很丑。其实，她长得很漂亮，给人一种很舒服的感觉。后来才知道，原来是父母怕她早恋，从小就暗示她，你样子丑，不好看，不要打扮……

知乎上曾出现过一个很火的帖子："从小缺乏自信的孩子是一种什么感受？"

网友们给出了不同的答案：

害怕别人看到自己的优秀；

说话声音低，不敢看人的脸；

从不或者很少拒绝别人；

一直渴望成为那个大家都喜欢的人……

因为自卑，他们不敢向前一步，无论是工作还是感情；

因为自卑，他们渴望别人的认可，渴望更多的好朋友；

因为自卑，他们的内心常常在崩溃的边缘游走……

人和人生来就存在不同，将来的成就也会不同。有的人会生活在社会高层，有的人只能生活在社会底层；即使是同样的岗位，也存在职务的高低。人生平等，并不是说没有差别，而是对自己的认同。

尊重，从来都是平等的。受人尊重是因为有值得别人敬重的地方，尊重别人是因为别人有可取之处。但是，尊重别人，不是害怕、敬畏、巴结、奉承别人，不是把自己放在卑微的位置。

居于下位，总会不自觉地过于高看他人，其实是对自己的一种看低。

有一年，著名主持人白岩松在广州暨南大学发表演讲。

学生们看到他，都非常激动，有要签名的，有求合影的，还有很多拍照发微博的。

演讲开始后，白岩松说了这样一段话："我刚才看到一条微博，写着：就要见到白岩松老师了！用了八个感叹号。我非常替你可惜。你拥有一个表达空间，却把权利用在感叹上，而不是提出问题。我想，如果今天的论坛要让我们拥有一点什么的话，那就从平视开始。不管别人处在怎样高的位置，都不该去仰视；不管别人处在怎样低的位置，都不该去俯视。"

习惯性仰视他人，习惯性放低自己，其实是一种讨好型人格的体现。别人的优秀，别人的风采，别人的成功，可以钦佩，可以尊敬，可以仰望，但绝不能觉得自己卑微。

每个人都有自己的使命，不是每个人都能站在高处，不管位置如何，只要竭力完成自己的使命，都值得尊重。不能因为自己过得比别人差，权力没别人大，财富没别人多，成就没别人高，就认为自己比别人低一等，就感到愧疚，就觉得卑微，面对别人时，就唯唯诺诺、低声下气。

人生可以以成败论英雄，但生命没有高低贵贱，每个生命都是大自然的馈赠，都是父母含辛茹苦的养育，不应该被轻视。再细小的螺丝钉，都有独特的存在价值和意义，都不能被小觑。

要让孩子明白：尊重别人，是良好的品质，但尊重别人，不是巴结、奉承、抬高别人，觉得自己卑微。

大学毕业后，赵涛进入一家单位工作。一段时间后，大家发现他有一个鲜明特点：怕领导。比如，领导过来安排工作，他会从椅子上蹭地站起来，低着头、弯着腰，听领导讲话，嘴里细声说着嗯嗯嗯。如果领导安排的任务明显超额，他也不提出意见，只顾点头，照单全收。然后一个人憋在办公室工作，即使脸色腊黄，也只是用热水杯捂着胃。和同事相处时，有时对方一个玩笑，他就会变了脸色，硬生生怼回去。时间久了，同事对他意见颇深，纷纷去领导那儿告状。

有一次，几个同事聚餐，赵涛也在。酒过三巡，赵涛向同事们倾诉了许多。他生长在单亲家庭，妈妈非常强势，不许他还嘴，还嘴就甩耳光。从小到大，他都特别听妈妈的话，从没表达过自己的意见，妈妈也从没有认真听他说话，更没有支持过他的想法。

有一次，赵涛特别想和妈妈说说心里话。他认真地说着，妈妈却突然打断他，指着电视说："这个演员叫什么名字来着？"那一刻，赵涛真的快抓狂了。从那以后，他再也没和妈妈说过心里话。

赵涛觉得妈妈是权威，自己的请求、反对、真心话等都会被无视、拒绝。"言轻"让他失去了在最重要的人那里最基本的尊重，自己也变得自卑和脆弱。

尊重别人的同时，一定要懂得尊重自己；自己都不尊重自己，还能指望别人尊重自己吗？

1. 不要过度地否定孩子

父母否定孩子的言行举止，会让孩子产生自卑感。

孩子不听话时，不要总是对孩子说："你看看你的样子，没有人会喜欢你的。""这都不会，你还能做成什么？"孩子不懂这是父母的恐吓，只会觉得自己真的被爸爸妈妈讨厌了。得不到父母肯定的孩子，长此以往就会开始自我否定。

此外，父母经常拿自己家的孩子和别人的孩子进行对比，甚至在大庭广众下指责孩子的缺点，会让孩子很没面子。不仅会伤害孩子的自尊心，还容易让孩子产生自己"天生就不如别人"的想法。

2. 多陪伴孩子

社会中一直存在这样一个奇怪的现象：在三胎家庭中，老二往往是最懂事的一个。父母明明对老大和老三的关注度更高，为何最孝顺的却是处在中间的孩子呢？很大的原因就是父母的不在意，让这些孩子缺乏安全感。常年缺乏关注，他们就希望父母能够将注意力放在自己身上，在他们的意识里，只有自己越来越懂事，才能得到和姐姐弟弟一样的爱。

这种孩子一般都缺乏安全感。当他们长大后，也会用这样的行为去讨好身边的人；为了得到别人一丁点的关心和肯定，甚至会付出十倍百倍的代价。

3. 让孩子相信自己是最好的

总是说自己不擅长什么，或者说自己有什么缺点，都是对自己的否定，给自己贴上了标签。

父母不断地给孩子灌输某种思想，孩子就会遵循这个想法，因为他觉得自己应该这样做。即使孩子不太好，也能通过努力提高自己的水平，即使有些方面无法超越，也能做得比原来更好。父母应该采取积极的行动，让孩子认识到自己是最好的，鼓励他们朝着更好的方向前进。

尊重他人要从尊重自己开始

个人的心灵世界依赖于尊严的支撑，从小就要培养孩子有骨气、有尊严，因为尊严可以改变一个人的命运。

一天，一个乞丐跪在地铁通道摆着铅笔摊乞讨。这时候，一位商人走过来，丢下一美元后匆匆离去。一会儿，这位商人又跑回来，认真地对乞丐说："咱们都是商人，都是卖东西的，我刚才付给你一美元却没拿东西，现在我要拿走。"说着，蹲下来，挑了几支铅笔后离开了。

商人的话让乞丐大为震动。他第一次听到有人称他"商人"，第一次听到有人说他在"卖东西"，他一下子找到了做人的尊严。他迅速站起来，掸掸身上的土，开始认真经营起他的铅笔摊。经过几年的努力，他成了名副其实的商人。一次，他去参加一个商界聚会，在那里，他见到了那位商人。他毕恭毕敬地走过去，深深地鞠了一躬说："谢谢，先生。是你让我找回了尊严。"

在一次演讲中，俞敏洪谈及自己对儿女的"心情教育"。他说："家长必须有一个本领，不管在任何情况下，既能督促孩子进步，又能保持孩子的自尊不受伤害。要保证孩子得第一名高兴，得最后一名也高兴，让孩子觉得活在世界上很美好，培养孩子对生命的热爱，是家长最重要的任务之一。"

无论在什么情况下，我们不仅要使孩子学习进步，还要保护他们的自尊心。让孩子充分感受这个世界的美好，让孩子热爱和珍惜生命。

杜晓在一所小学教美术，一天她给孩子们讲完画画的技巧后，让他们自己画。快下课时，她发现杜茜的画纸上什么都没有，于是就问："杜茜，为什么你没画？"

杜茜闷闷不乐地说："我不想画。"

"那你能告诉老师原因吗？"

"老师，我告诉您，您不要告诉我妈妈好吗？"

"好。"

"上次我在家画画，妈妈说我画得乱七八糟的，什么都不像，所以我现在不想画了。"

听了杜茜的话，杜晓感到非常难受，因为她以前也说过类似的话。这句无心的话会伤害孩子的自尊心，严重打击他们的自信心。

课后，杜晓找杜茜谈心，并指导她完成了一幅画，第二次上美术课时，杜晓向全班同学展示了杜茜的作品，并表扬了她。

从那以后，杜晓发现杜茜对自己有了坚定的信心，绘画水平有了明显提高，各方面也进步很快。

科学研究表明，有高度自尊心的孩子一般都性格活泼，智力发展状况也比较好；他们更善于表达自己的思想，讨论问题时能主动发言，对周围的事物感兴趣，喜欢探索，富于创造，对自己从事的活动充满自信。而缺乏自尊心的孩子，多半情绪低沉，抵触集体活动，认为没人爱他们、关心他们，不愿表达自己的想法。

英国作家毛姆说过："自尊心是一种美德，是使一个人不断向上发展的一种原动力。"自尊心是个人对自己的一种态度，是要求自己受到别人的尊重，不允许别人歧视、侮辱的一种积极情感，对个人的认知、动机、情感及社会行为等都会产生重要影响。

根据华德福理论，7岁前的孩子通过模仿来进行学习，尤其会模仿其带养人的所作所为；根据蒙台梭利理论，6岁前的孩子都是吸收性心智，更会吸收环境中成人的所有世界观和价值观。

孩子长大后，即使他们和父母的联结不再如小时候紧密，但原生家庭的影响依然存在。

父母的自我价值感不足，只顾着将各种期待投射到孩子身上，孩子就无法成为真正的自己。所以，要想培养出一个高自我价值感的孩子，首先就要让孩子滋养自己的自尊。

1. 让孩子接纳自己的现状

所有的痛苦都源于抗拒。只要能接纳生活中发生的一切，痛苦就会消失。

所谓的"接纳"，并不是让孩子"喜欢"自己的现状，只是接受这些事情已经发生。如果孩子不接纳，又能怎样？过去已经彻底过去，未来永远也不会来，因为来到时已经是"现在"了。

要告诉孩子，花费力气去纠结过去，或浪费能量去恐惧将来，都是不划算的行为方式。只有学习"接纳"，主动承认自己身处低谷，做一些力所能及的小改变，才可能实现从量变到质变的转变。

2. 让孩子接纳自己的情绪

成长中的孩子多数都经历过被父母要求"不许哭"的情形。多数父母视"哭"为洪水猛兽，也不喜欢孩子表达自己的愤怒和悲伤。孩子的情绪被长期压抑，就会在身体中积累。看到自己的孩子哭闹，父母幼年时候积累下来的各种情绪就会被点燃，最终可能变成愤怒，投射到孩子身上。

3. 让孩子接纳自己的模式

个人行为模式，大部分来自原生家庭。小时候总是指责孩子，孩子就会发誓自己将来不要当一个同款的老妈。可是多年后成家立业，面对自己孩子的各种状况，依然会忍不住吼他、骂他，然后心生愧疚。

这时候，就要让孩子接纳自己指责他们的模式——因为只要是孩子抗拒的，终将更加强大。友善和温柔的态度，能让我们更有力量去改变。

第六章
谦逊：谦逊是最高的克己功夫

告诫孩子：人外有人，天外有天

全面发展，是很多父母给孩子定的目标。为了实现这个目标，他们不仅要求孩子在学习上拔尖，还想让孩子精通书法、舞蹈和绘画等。这样培养出来的孩子非常优秀，是老师眼中的好学生，是同龄小伙伴学习的目标，孩子经常会受到夸赞。可是，太多人的夸赞会让孩子产生自负心理。

太过骄傲就成了自负。孩子产生了这样的心理，会对他们的成长产生巨大影响。

米莉今年9岁，不仅长得漂亮可爱，成绩不错，还精通舞蹈、绘画和钢琴，是老师和同学口中的"小才女"。米莉有些飘飘然，妈妈发现了她的不同寻常。

在兴趣班时，老师夸赞了别的小朋友，米莉变得闷闷不乐。妈妈告诉米莉，老师夸赞别的小朋友很正常，因为那个小朋友也很优秀。可米莉却觉得那个小朋友样样不如自己，只是一次做得比较好而已，自己每次都完成得很好，老师为什么不夸赞自己？

妈妈终于意识到，米莉这已经不是骄傲，而是自负。妈妈通过观察还发现，米莉接受不了别人得到赞扬，攀比心理也特别重。虽然米莉依然很努力，可妈妈还是很担心。

对于孩子来说，骄傲是一种不好的心理状态，会让孩子变得心胸狭隘，自以为是，不听劝告，拒绝帮助，导致人际关系变得紧张，阻碍孩子未来的发展。与之相反，自信却是一种积极的人生态度，能让孩子乐观上进，勇于承担和面对未来。所以，父母应该培养孩子的自信心，消除孩子的骄傲和自负。

骄傲的孩子往往会在应该同意的场合固执起来，会拒绝有益的劝告和友好的帮助，还会失掉客观的标准。他们犹如井底之蛙，目中无人，自以为是，会严重阻碍自己继续前进的步伐。

妈妈给儿子网购了一辆自行车，收到商品后需要自己组装。儿子找来工具箱，对着一堆摊开的零件，或坐或蹲或趴或站，不停地鼓捣。

突然，儿子一拍手，叫道："完美，哈哈。我太聪明了，我怎么就这么聪明呢？简直是无敌的聪明，哎，太无敌而找不到对手，也是种无敌的忧伤。"他连游戏里的台词都用上了，摇头晃脑，得意洋洋。

儿子骑上自行车朝前滑了几步，一甩头，看着妈妈，一副邀功请赏等待夸奖的姿态。

　　妈妈点点头说："嗯，组装得挺好，可以看出，你用心了，动手能力也挺强。你刚才是在夸自己聪明吗？"

　　"是啊，难道我不聪明吗？妈妈你是不是感到很骄傲啊？"

　　"那当然，我生了一个聪明的宝宝，好比我创造了一个优秀的作品，我能不骄傲吗？其实，你没什么好骄傲的，因为你的聪明是我给的呀。"

　　儿子急红了脸："这，我……也很努力，对不对？我为自己的努力而感到骄傲总可以吧？"

　　妈妈微微笑了："当然，我也为你的努力和用功而感到骄傲。"

　　聪颖的天资是爹妈给的，不值得骄傲和炫耀。要让孩子从小明白，靠自己的努力取得成绩才是真本事。不过即使取得了成绩，也不能骄傲自满。

　　上学期，儿子被选为学校六一儿童节活动的主持人。放学回家，他兴高采烈地将好消息告诉了爸爸。

　　爸爸向他表示了祝贺，然后问他为什么会被选中。

　　儿子一抹头发，酷帅地歪着头说："还不是因为小哥我长得帅。"

　　爸爸正喝着水，听他这么一说，差点一口水喷到他脸上。

　　儿子有点不高兴，咕哝道："有什么好笑的？真的，我亲耳听到的，排练老师指着我对旁边的一个老师说：'瞧，小伙子很帅吧。'"

　　过了一会，爸爸给儿子的班主任发去一条信息，感谢她为孩子提供了一次难得的锻炼机会。很快，就收到了班主任的回复："客气了，是因为他自己有这个能力，才会被选上。"

爸爸将儿子叫过来，让他看老师发的信息。儿子看了，很高兴。

爸爸问："那么，你是因为帅还是因为其他原因而被选上的？"

儿子有点不好意思，说："因为能力。"

"现在知道了吧，脸蛋漂亮，没有能力，也没用，人家要的是真才实学。即使长得貌美如花，也是爹妈给的，只能说明你先天条件好，后天的能力和气质才是自己修炼出来的，才值得骄傲。"

幼儿时期的孩子，一般都缺乏全面客观评价自我的能力，家长对孩子不恰当的鼓励和赞美，很容易让孩子产生错觉，以为自己真的毫无瑕疵，继而得意忘形，增长虚荣心。当他们受到挫折或得不到预期的肯定时，便会觉得无法承受，经不起打击。

自负的孩子虽能取得一定的成绩，但没有远大理想和志向，只满足于眼前取得的成绩；他们看不到别人的成绩，只会"坐井观天"；他们觉得自己是最优秀的，自视过高。这时候，应该让孩子明白"人外有人，天外有天"这个道理。

如果孩子发现自己并不是最优秀的，就不会产生自负心理。甚至当孩子骄傲时，也会时刻想起并且会更加努力。要告诉孩子，"人不可貌相，海水不可斗量"，做人做事别总觉得自己了不起。

1. 不能一味地满足孩子的需要

教育孩子时，不要一味地满足孩子的所有需求，不要让孩子觉得只要自己完成了一件事情就会有奖励，否则时间长了，孩子就会养成习惯，认为无论自己做什么都是最棒的，认为只要自己做了事情后就会有回报。这样，孩子会越来越骄傲。

2.让孩子认识到骄傲的危害

孩子还小，对于一些事情的认知还不太强，还没有形成自己的世界观和价值观。他们不知道自己的表现是不是对的，也不认为自己骄傲是一件错误的事情。父母在生活中一定要告诉孩子骄傲的危害。比如，通过给孩子讲故事或看视频来教育孩子，让孩子清楚地认识到骄傲的危害。

3.适当让孩子受点挫折

要想让孩子不太骄傲，可以适当地给孩子安排一些比较难的工作，如果孩子完成不了，父母就要把握好机会来教育孩子，让孩子意识到自己的能力不足，还需要别人的帮助。这样，孩子就能慢慢改正自己骄傲的坏习惯。

告诫孩子：行有不得，反求诸己

"行有不得，反求诸己。"这句话出自《孟子·离娄上》，具体含义是：（如果）行动没有达到预期的效果，就应该反省，从自己身上找原因。

"人是会思考的芦苇。"正因为有了不同的思维，才有了美好的大千世界，如果所有人都不会思考，都不去反思，跟"机器人"有什么区别？

世界著名的"大文豪"列夫·托尔斯泰就是通过自我反思，从一个"浪子"完成"神逆袭"的。

在青年时期，列夫·托尔斯泰养成了一些不良习惯，比如贪玩、赌博。但后来，他醒悟了，对自己的行为十分不满。他把错误的原因详细分析出来并写在日记本上：缺乏毅力；自己欺骗自己；有少年轻浮之风；不谦逊；脾气太躁；生活太放纵；模仿性太强；缺乏反省。这次反省犹如一道霹雳打在他的身上。他决定结束放荡生活，改变不良习惯。之后，他跟哥哥尼古拉来到高加索，在炮兵部队里当了一个上级军官，同时迈上了文学创作之路。

从这个大文豪身上，普通人可以得到这样的道理：成长需要反省，浪子回头金不换。当孩子意识到自己不仅有坚持真理的权利，还有犯错误的权利时，他就已经成了大人。

法国牧师兰塞姆说过："假如时光可以倒流，世界上将有一半的人可以成为伟人。"一位智者看到这句话后，修改了一下："如果每个人都能把反省提前几十年，便有 50% 的人可以让自己成为一个了不起的人。"善于自我反省的人，更能发现自己的优点和缺点，并扬长避短，发挥自己的最大潜能；而不善于自我反省的人，则会一次又一次地犯同样的错误，不能很好地发挥自己的能力。

卓越源于反省，经常进行自我反省，孩子就能成为一个不断地走向完美与高尚的人。他们如同一个永不知疲倦的登山者，一边攀登一边回头检查自己的行囊，不会犯同样的错误，也不会安于现状、停滞不前。

小伟无论出现什么差错，都不会从自身找原因，总是责怪别人，父母决定想办法让孩子学会为自己犯的错承担责任。

有一次，小伟要在周六参加学校的奥林匹克数学比赛。平时，小伟的数学成绩非常好，又善于动脑筋，在这次比赛中获奖的可能性很大。

周五晚上，小伟像平常一样，放学回家后就和同学去踢球了，然后看电视、读课外书，一直到11点才睡。平时周六小伟都要睡到9点多才起床，这个周六，妈妈硬着心肠不叫他，结果小伟果然9点才睡醒。等小伟赶到学校时，比赛已经开始了。他迟到了快一个小时，比赛成绩可想而知。

回家后小伟感到非常沮丧，责怪妈妈没有叫他早点起床，以致他在这次比赛中没有取得好成绩。

妈妈却对他说："儿子，你明明知道周六要去参赛，为什么不早睡？我周六去加班时，有没有要求你来叫醒我？你总是习惯于让别人提醒你做你自己的事。但是，别人是不可能一辈子提醒你的，你要学会自己提醒自己，做错事后自己反省自己的错误。"

从此以后，小伟做错事就会试着进行自我反省。只要他错了一次，以后就很少犯同样的错误。

孩子是否具有自我反省能力，跟父母、长辈的教育方式有直接关系。孩子到了一定年龄，都会有一定的判断能力，可以简单地判断好坏；同时，也有一定的自尊心和羞耻感。做错了事，一定会感到羞愧，只是不同的孩子羞愧的程度不同而已。父母要启发他们的自尊心、激发其羞耻感，使他们学会反省，加强自我约束，改正错误。

孩子将来必然会长大，能否成为一个具有独立精神的人，关键在于是否具有自我反省能力。在人生的旅程中，每个人都容易受到自身学识、阅历、性格等因素的局限，在经历、处理和理解生活中的某种事物时，就不可避免地会陷入某些片面或错误的境地，继而带来不良结果。

"自省"是孩子成长的一个重要组成部分。父母应该教育孩子学会经常自省，让他们不断地检查自己行为中的不足，反思自己失误的原因，促进孩子不断地完善和成长。

告诫孩子：空杯才能装进去水

真正会学习的人，往往拥有空杯心态。

这里，空杯心态并不是一味地否定过去，而是要我们在新事物面前学会放下，并保持一种谦卑、开放且求知若渴的心态。

过去有一位才子，总觉得自己学富五车，才华横溢，从不把别人放在眼里。

一天，才子听说寺院里住着一位禅师，学识渊博，受人景仰。他内心不服，于是决定前往寺院去会一会这位禅师。

才子来到寺院后，禅师很热情地把他请到禅房，并拿起茶壶给他倒茶。结果，茶杯里的水已经满了，禅师还在往里倒，茶水溢出了杯子。

才子赶紧对禅师说："满了，满了。"

禅师没停下来，水流了一桌子，杯子里却再也倒不进一滴水了……

才子终于领悟，忙起身施礼，羞愧而去。

才子领悟了什么？他为什么会感到羞愧呢？其实很简单，禅师虽一言未发，却通过"倒茶"告诉了他"水满自溢"的道理：一个人自以为是、骄傲自满，就会像那只倒满水的杯子一样，再也无法接受任何新知。这就是"空杯心态"的起源。

人不能因为有了一点学识就骄傲浮躁，要常以"空杯心态"不断学习。如果想让孩子成为一名真正的"学习大师"，就必须让他们永远保持"空杯心态"，即在任何时间、任何地点、向任何人学习的心态。

某年，一家研究所新来了一位博士。这天完成工作后，博士闲来无事，就到单位旁边的一个小池塘去钓鱼。当时，正、副所长正好都在那里钓鱼。他对他们微微点了点头，没说一句话。

十几分钟后，正所长放下钓竿，伸伸懒腰，"蹭、蹭、蹭"从水面上"飞"到对面上厕所。博士感到异常惊讶，眼睛瞪得都快掉出来了。水上飞？还有这种绝技？这可是一个池塘啊。上完厕所，正所长同样"蹭、蹭、蹭"地从水上"飞"了回来。博士生感到很好奇，但不好意思去问。

过了一阵儿，副所长也站起来，"蹭、蹭、蹭"地飘过水面去上厕所。博士差点昏倒：不会吧，研究所里居然隐藏着这么多武林高手？

可能是受到两位所长的影响，很快博士也有了上厕所的需求。他向周围看看，池塘两边都是围墙，要到对面上厕所，得绕十分钟的路；回单位上吧，又有点远。怎么办？

博士心想，自己是博士，既然两位学历不如自己的所长能飞过去，自己也一定行。于是，果断起身往水里跨。结果，"扑通"一声，博士沉到了水里。

两位所长立刻将他拉上来，问他为什么要下水。

博士尴尬地问："为什么你们可以走过去呢？"

听了他的话，两位所长一愣，然后相视一笑："你刚来，难怪你不知道。池塘里有两排木桩子，这两天下雨涨水，正好淹没在了水面以下。我们都知道这木桩的位置，自然能踩着桩子过去。你怎么不问一声呢？"

知之为知之，不知为不知。遇到自己不知道的事情或问题，就要虚心求教。因为只有谦虚好学，不耻下问，才能丰富知识，才能增强本领；自以为是，认为自己比任何人都高明，则是渺小的。

学问、学问，就是既要学，又要问。可是在日常生活中，有些孩子胆小害羞，学习上遇到了搞不明白的问题，也不敢问老师；有些孩子则太在乎自己的颜面，喜欢打肿脸充胖子，不懂装懂，不喜欢向别人请教；有些孩子对学习心里没数，不知道自己哪些地方懂、哪些地方不懂，看起来似乎什么都懂一点，其实根本就没有完全掌握。

学习的过程其实是一个人不断提高自己、不断完善自己的过程，圣人都说"三人行，则必有我师"，何况是处于求知中的孩子。因此，家长要提醒和鼓励孩子敢于提问，不羞于提问，其实重要的是突破第一次，几次之后，就敢提问了。

对于孩子来说，真正有价值的东西是别人的智慧，它比金钱更贵重，比美貌更具魅力。可是，任何人都不会将这些宝贵的东西主动送给别人，根本就没有"送货上门"的好事。所以，我们不能让孩子傻等着，一定要让他们主动"出击"，主动向他人求教。

孩子认为主动向老师、同学、家长请教问题，会让自己很没面子，其实这是"虚荣心"在作怪。要让他们知道，"不耻下问"绝不丢脸，而是一种高尚的品格，是人生的大智慧。真正的智者，绝对不会在人们面前夸耀自己过去的英勇。他们不会吹嘘以往的成绩，而是不断地清空自己，保持谦虚的态度和永远前行的进取心。

"学如逆水行舟，不进则退"，在这个飞速发展的时代，每个人都没有资格懈怠，处于成长中的孩子更是如此。

第七章
责任：让每个孩子都担起应负的责任

让孩子对自己的言行负责

孩子在成长的过程中，犯错是在所难免的事。遇到这类问题，很多父母都会主动替孩子收拾残局。孩子不知道这些事情是需要承担责任的，时间长了，就会失去责任心，会惹事，会犯事，却没有能力承担责任。

让孩子自己去承担责任，是孩子的成长道路上至关重要的环节。每个人的出生都是伴随着隐性责任而来的，扮演不同的角色，就要承担不同的责任。

9岁的露西昨晚看电视一直到12点，第二天早晨起晚了。爸爸送露西上学，到了学校后，向老师解释道："老师，这不是孩子的错，是我的错。是我让他看电视看晚了。今天早晨也没及时叫他起床，害得他连早饭都没吃。这不，刚买的煎饼，孩子才咬了一口。请不要怪孩子……"老师刚打算说话，露西却抢着说："老师我向您保证，我爸以后一定会早点叫我起床的。"

孩子迟到时，相信很多父母都会这么做。虽然知道父母的初衷都是为孩子好，怕孩子受到老师的责罚，替孩子承担了责任，但是这样做却有弊而无利。

把所有的责任都揽到自己身上，替孩子承担过失，表面上是在帮孩子"免责"，其实会在无意中教他做一个毫无责任感的人。这种事情经历得多了，孩子只要一犯错，就会顺手将责任推卸到父母身上，自己落得一身轻，慢慢地，也就不会承担责任了。

法国思想启蒙家卢梭致力于在心理学领域发展儿童教育，他曾就儿童德道教育提出一种教育方法，叫自然后果法，即儿童通过自我承担后果，认知错误、吸取教训。孩子们的理智还没有完全打开，对他们进行言语说教所起的作用微乎其微，任何道理与规则都不如亲身体验来得深刻。

一位妈妈带着三个孩子坐火车。8岁的大儿子坐在杜女士的旁边，妈妈则坐在斜对面的位子上。

火车开动后，男孩一直动来动去，一不小心把杜女士第一次用的新杯子碰到了地上。

杜女士急忙捡了起来，拿着杯子看了又看，很心疼。她看了看孩子，发现他正低着头做自己的事情，似乎有些恐惧，但一声不吭。坐在对面的妈妈，好像没看到刚才发生的事情，把目光转向旁边。

杜女士一面心疼着杯子，一面更心疼这个孩子，于是温和地对男孩说：

"宝贝，你把阿姨的杯子弄到地上了，你要跟我说什么？"

男孩怯生生地说："对不起。"

杜女士接着说："没事，宝贝，阿姨就是有点心疼杯子，做错事情要敢于承担责任。"

男孩也许感受到了杜女士的善意，似乎有了一种释然的轻松和喜悦。

不能为自己的行为负起责任，孩子内在的力量感就会流失；久而久之，孩子就会形成逃避懦弱的性格，不敢为自己的行为负责。

孩子年幼，一般做不出太"出格"的事，父母总是出面替孩子承担责任，久而久之，孩子就会觉得这些事与自己无关，只要有父母的保护，万事都能迎刃而解，继而变得肆无忌惮、为所欲为。

古语说得好："好汉做事好汉当。"孩子做了损害别人利益的事，就要鼓励他们主动向人家道歉，赔偿损失，让孩子从小就懂得为自己的言行负责，培养他们的责任心，以便将来独立地承担人生的责任和义务。

1. 多放手，培养孩子自主意识

家长要逐渐对孩子放手，对孩子少一些控制和干涉，充分相信孩子的能力，尊重孩子的意见，让他们根据自己的兴趣和好奇心去安排自己的学习和生活。同时，还要允许他们失败，给他们提供尝试错误、改正错误的机会。

如果孩子处于低年级阶段，可以先由父母协助、指导和督促，逐渐过渡到由孩子自主安排、自主完成。如此，就能使孩子获得自我控制感，促使他们积极学习，坚定自我管理的决心和意志。如果父母急于插手、急于纠正，孩子就会在思想和行动上产生依赖感，不愿也不敢探究未知事物。

2. 不放任，给孩子树立规则意识

对孩子充分信任和放手，重视孩子的自由意志和独立思考，并不是让孩子我行我素，也不意味着对规则的轻视和抛弃，而是允许孩子拥有有限的自由。家长要给孩子明确自主的范围，告诉他们什么是可以适当放宽的、什么是需要限制的、什么是必须严格遵守的。

比如，作息。家长要跟孩子确定一个上床时间和起床时间，以保证孩子睡眠充足，绝不能让孩子因为赖床而迟到。长期放纵孩子，他们的精神状态就会出问题，变得懒散和无所谓，更不可能勤奋和刻苦。家长要加强监督，跟学校密切配合，帮助孩子强化规则意识和日常规范，养成良好习惯，让孩子明白"越自律才能越自由"的道理。

3. 正归因，引导孩子承担责任

引导孩子承担责任，就要进行内部的、积极的归因，不要外部的、消极的归因。比如，孩子没考好，回到家就抱怨某老师不会教，或者说自己不是学习的料，这就是典型的外部的、消极的归因。采用这种归因方式，孩子就会推卸责任、逃避现实。

学习态度、学习方法等都是孩子可以调节控制的因素，这种归因不仅是一种内部归因，也是一种积极归因，进行这类归因，孩子才能具有充足的学习动力，偶尔成绩不如意也会在日后作出调整。发现了孩子有外部、消极归因的苗头，家长一定要高度重视，及时引导，如果任由孩子推诿责任，孩子的责任心就会逐渐淡漠，慢慢地，就不会将主要精力放在学习上了。

鼓励孩子自觉履行一个成员在团队中的职责

出生于二十世纪七八十年代的人，小时候都玩过丢沙包、木头人、丢手绢等游戏。而如今的孩子，却很少接触这类小游戏，他们接触最多的是电子游戏。

这类小游戏仅凭一个人是无法完成的，需要众人参与，需要团队的共同努力，只有互相信任、互相协作，才能玩好。这就是合作的益处。

当今时代高速发展，要让孩子懂得合作的意义，鼓励他们将个人的力量发挥得淋漓尽致，达到 1+1 > 2 的效果。如果孩子缺乏团队精神，没有集体责任感，就不会积极参与集体活动。

晚餐时，奶奶喊大家吃饭，周丽让儿子一起帮忙搬椅子和摆碗筷，儿子却嘟哝着嘴，不大高兴："这里这么多人，怎么要我来做啊，自己的事情自己做，我只拿我自己的碗筷。"

餐桌上立刻安静下来，周丽都不知道应该说什么了。她盯着儿子，儿子可能有些害怕，只好开始收拾。

在我们还是孩子时，很少有人会忤逆父母，即使心里不情愿，也会一样照做。难道是如今的小孩子自我意识太强，对于集体的工作不太上心？问题的答案要从社会角度进行寻找。

现在的孩子很多都是独生子女，自我意识相对比较强，父母忽视了对他们的同理心教育，所以他们很少考虑周围人的感受，甚至连家人的感受都不会考虑。

各司其责才是家庭团队精神的核心，比如，全家人一起包饺子时，就可以给孩子安排一些协助的工作，让孩子知道自己的责任。奶奶和面，爸爸烧水，妈妈包饺子，孩子就可以择菜。孩子知道了自己对于集体不可或缺，通过大量的这些活动，就能找到自己在家里的位置，做好自己的份内事。分工有序，互相尊敬，每个人都是家庭的主人，都参与到家庭的活动中，孩子内心的安全感和归属感也能得到满足，会更愿意维护这个大家庭。

对孩子来说，在游戏、学习、生活中，能够主动配合，分工合作，协商解决问题，协调相互关系，确保活动能够顺利进行，同时每个人都能在相互配合中实现目标，就是所谓的合作。学会合作是孩子进入社会、成为主人应该具备的基本能力，也是促使孩子社会化的一种基本途径，因此父母要从小强化孩子的群体和社会教育，提高他们主动交往、协同合作的团体意识。

1. 为孩子创造合作的机会

父母应采用"走出去，请进来"的办法，为孩子提供与同伴合作学习和游戏的机会，让孩子在实践中学会合作。比如，闲暇时，带孩子到公园、小区绿地等公共场合，或带孩子去亲戚朋友家玩，鼓励孩子与他人交往，为孩子创设结交小伙伴的机会。也可邀请孩子的小伙伴到家里来玩。

举个例子，在孩子们玩角色类游戏时，要让他们共同商量、友好合作、相互配合，使游戏顺利进行下去；玩"拍打气球"小游戏时，孩子需要轮流拍打气球，相互配合，气球才不会掉下来。

2. 教给孩子合作的技能

孩子年龄小，缺乏社会交往经验，不知道如何合作，家长要教给他们合作的技能，指导他们去合作。

比如，可以通过图书、画册、电视或具体事件，生动形象地向孩子讲明什么是分享合作。也可以针对孩子在交往中可能出现的矛盾，提出一些问题，比如，"两个小朋友，只有一个玩具，怎么办？"引导孩子归纳总结出解决矛盾的方法，如"两个人轮流玩"或"两个人一起玩"等。

通过具体的合作情景，通过一次次的交往，孩子就能逐渐习得合作的方法和策略，掌握合作的技能。

3. 让孩子感受合作的快乐

孩子做出合作行为，多数时候都无法明显感觉到，因此，孩子和父母一起做完事情后，父母应当真诚地向孩子表示感谢，让孩子感到被需要，让他明白：没有他的参与，事情是做不成的。

看到孩子与同伴友好配合地玩耍，或协商，或询问，或建议，或共享，或给予帮助，或求助时，家长要及时地给予肯定和鼓励，比如，"你们能商量着，合作着搭，真好！""你们俩互相帮助、互相学习，配合得真好！"家长赞许的目光、肯定的语言、微笑的语言，以及轻抚孩子的肩膀、对孩子亲切地点头、翘起大拇指等，能使孩子受到极大的鼓励，在情绪上产生快感，心理上得到满足，增强自尊、自信和上进心，强化合作的动机，孩子就会做出更多自觉的合作行为，从而巩固、强化合作行为。

此外，为了使合作行为更加稳定和自觉，家长还要引导孩子感受合作的成果，体验合作的愉快，激发孩子进一步合作的内在动机。

舍得让孩子为自己的错误买单

孩子做错事情时，对他最好的惩罚就是让他承担自然后果。比如，饿了一顿后，孩子就能明白不好好吃饭并不有趣；早晨因为赖床迟到被老师批评后，孩子就会知道守时的重要性……孩子能为自己的错误买单，能接受自己的行为带来的不良后果时，才能真正反省自己，不会为了应付父母的盘问而敷衍了事。

一天早晨，班主任汪老师早早地来到学校，一位家长拉着孩子走到教室门口。孩子满脸不高兴，家长脸上堆着笑容："妈妈忘记给你带语文书了，妈妈去跟老师说说。"说着，便和汪老师打招呼。

汪老师马上对家长说："没关系，你回去吧，让孩子自己处理。"

"老师，你看……"显然，这位妈妈想替孩子承担责任。

望着家长远去的身影，汪老师不由得想起了在某刊物上看到的一则笑话：

老师：小明，为什么不带作业？

小明：我爸整理书包时，忘装了。

老师：先上课，下课我找你算账。

小明：回家找我爸算账。

这个笑话只能让人一笑了之，但笑话的背后，却值得我们深思：独生子女缺乏责任心，是否与家长的方法有关？从孩子呱呱坠地那天起，他就是一个独立的人，他的成长不仅是身体和智力方面的，还有人格和人品方面的。父母应该为孩子的成长提供条件，进行正确的引导，使其成为一个完整意义上的人。因而，父母要有意识地让孩子对自己的行为负责，为自己的错误买单。

2020年2月20日，孙小果案完结，他被执行死刑。70岁白发苍苍的母亲，流下了悔恨的眼泪，道出了自己的心声：我的教育注定是南辕北辙。在这位母亲的述说中，可以看到孙小果的成长轨迹：

1994年，孙小果19岁，在一所武警学校学习，前途美好。母亲感到骄傲自豪，觉得自己的付出都是值得的。可是，万万没想到，他竟然结识了四个混混。

母亲没有重视这个问题，孙小果在错误的道路上开始狂奔。一天晚上，几个人一起私自驾车外出，强行带了两个姑娘上车，在一片荒地上，对女孩实施了轮奸。母亲绝没想到，自己的儿子会干出这种伤天害理的蠢事。

儿子被捕后，为了他的前程着想，母亲心急如焚。为了不让儿子被关进大牢，变得臭名昭著、家喻户晓，母亲便动用一切关系，把儿子的年龄从 19 岁改成 17 岁。未成年人犯罪与成年人犯罪，量刑天差地别，最终孙小果被判"3 年有期徒刑"；然后，孙小果的母亲利用保外就医，让儿子一天都不用进监狱。

母亲觉得自己打了一场漂亮的保卫战。可是她知道，将儿子救回来只是第一步，如何教好他才是关键，绝不能让他在错误的道路上越走越远。为了让儿子悬崖勒马，母亲苦口婆心，谆谆告诫，晓之以理，动之以情。儿子听了，泪如雨下，一遍遍地说："妈妈，我爱你。"母亲的心都碎了，抱着儿子号啕大哭。

可是，后来发生的事情，才让母亲意识到，自己的做法不仅于事无补，还是为虎作伥。

惊魂未定的儿子，心情一波三折，被捕时心如死灰，如今却喜极而泣："世上确实没有后悔药，但我有一个好妈妈，她无所不能……"从此，儿子变得更加肆无忌惮，他笃定地相信：妈妈可以摆平一切。

"一手遮天"的母亲，给了他勇气，他更加胆大包天，有了更大的底气和戾气，直至恶贯满盈。

最终，母亲被开除公职，判刑 5 年。她想，如果能用自己的 5 年唤醒儿子，也值得。可是，她的美好愿望还是落空了。儿子被判处死缓，再也没有机会重来。

这时候，母亲与儿子进行了一次推心置腹的谈话，明确告诉他："再不悔改，母亲也无能为力了。撞了南墙，就要回头，放下屠刀，立地成佛吧。"儿子满口答应却阳奉阴违，变本加厉地胡作非为：组织黑社会、开赌场、非法拘禁、故意伤害……

母亲彻底死心，只能跟儿子同上了一条贼船。她也终于明白：语言的教育是多么的苍白无力，一个人只有为自己的错误付出应有的代价，才有可能幡然醒悟。

记住，一定要让孩子为自己的错误买单。没有责任感的孩子，无法找到自己的生命在社会中的地位与重要性，找不到前进的方向，也就失去了创造成就的动力，最终必将一事无成。这样的孩子是可悲的，这样的父母也是失败的。

如果上文中的事情发生在你身上，你会怎么做？发现孩子的小过错时，你会宽容对待，还是严厉地指出错误并教育孩子？每个人都不是天生就具有责任感，而是在适宜的条件和环境下萌发，并随着年龄的增长和心智的逐渐成熟而形成。

家庭是孩子责任感赖以滋长的土壤，父母对待孩子的态度、采取的教育方法，是孩子的责任感能否形成的重要条件。

在学校：

孩子迟到了，家长跟老师交涉；

孩子没完成作业，家长帮孩子说情；

孩子与其他孩子发生了矛盾，家长帮孩子强词夺理；

孩子上课不举手，家长说孩子胆小，恳请老师多叫叫孩子；

孩子测试成绩不理想，家长以马虎作为孩子做错题的借口；

在家里：

孩子绊倒了，家长教孩子骂"凳子是个坏坏"；

孩子把桌上的碗碰翻，家长责怪自己没放好碗；

孩子逃课，家长请求老师把孩子调到前边坐着……

孩子不在意自己犯下的错误，时间长了，就会失去独立生活的能力，变得一点责任心都没有。

第八章
宽容：宽容更是一种坚强和勇敢

鼓励孩子站在他人立场，学会换位思考

有这样一则小故事：

一头猪、一只绵羊和一头乳牛，被关在同一个畜栏里。

一天早上，牧人进来捉猪，猪大声地嚎叫着，猛烈地反抗。

绵羊和乳牛很讨厌猪的嚎叫，便一起责备猪："你吵什么，他还经常捉我们呢，我们从来没有大呼小叫。"

猪听了，回答道："他捉你们和捉我完全是两回事。他捉你们，只是想要你们的毛和乳汁，但他捉我，却是要我的命。"

这个故事形象地说明了一个简单的道理：要想理解别人，就要换位思考。

　　所谓换位思考，就是认同他人的情感、思想或态度，或替代性地体验他人的情感、思想或态度。从本质上来说，就是设身处地为他人着想，即想人所想，理解至上。对于孩子来说，只有学会站在别人的立场和角度去考虑问题，才会理解别人的想法和行为，才能对别人的痛苦感同身受，激起自己善良的举动。

　　很多孩子都喜欢起哄，一起欺凌弱小，倒不是因为他们的品质有多坏，而是因为他们缺少正确的认知，只是觉得好玩儿。尽管如此，这样的行为也是应该禁止的。教会孩子站在别人的立场考虑问题，孩子的这种不良行为就能得到有效控制。

　　9岁的强强很调皮，个子很高，正在上小学三年级。

　　一天，强强在路边看到几个同学跟在一个腿有残疾、走路一瘸一拐的同学后面，一边学着瘸同学走路的样子，一边大声地叫着"瘸子"。几个同学看到强强，让强强也加入，强强没答应。

　　模仿了一会儿后，几个同学觉得学着不过瘾，索性围上去，要打那个身体有残疾的孩子。

　　强强看在眼里，想到那个残疾同学本来就很自卑，还要遭受别人的嘲笑和欺负，心里一定非常难受，于是立刻走到那个残疾同学的面前，护着他说："你们能站在这位同学的立场上考虑一下他的感受吗？他现在已经很可怜了，你们还要这样对待他。谁要是敢欺负他，就别怪我不客气，要想打架，就朝我来。"说着，走到几个同学的面前，举起自己的拳头。

　　看到人高马大的强强做出这样的动作，几个人吓得撒腿就跑。从那以后，强强和那个残疾同学成了无话不谈的好朋友。

强强虽然很调皮，却懂得站在残疾同学的立场考虑，维护他，最后居然跟那个残疾同学成了好朋友。

俗话说："多个朋友多条路。"孩子学会换位思考，身边就会有很多好朋友，当孩子遇到困难时，也会有很多人来帮助他。

在教育子女要多为他人着想时，叶圣陶举过一个例子：

一位父亲让儿子给他递一支笔，儿子随手递过去，结果把笔头交在了父亲手里。

父亲就对儿子说："递东西给人家，要想着对方接到手时是否方便。你把笔头递过去，人家还要把它倒转来，倘若没有笔帽，还会弄人家一手墨水。刀剪类的物品更是这样，绝不能拿刀口刀尖对着人家。"

设身处地为他人着想，就是想人所想，理解至上。只有让孩子学会换位思考，他们才能设身处地理解别人，才能与他人形成良性互动。

生活在社会的一个大集体中，不同的生活、不同的环境、不同的人生观、不同的思考方式和不同的身份等，决定了孩子思考问题时会有不同的角度。教孩子站在别人的角度思考问题，圆满地解决问题，大家皆大欢喜，是一件非常快乐的事情。

婷婷是个小学四年级的孩子，妈妈在一所学校当老师，她经常教婷婷学会换位思考，并与她一起分享换位思考带来的快乐。

冬天的一天，婷婷和妈妈一起回家时在路上看见一位趴在地上要饭的老人。老人身上穿的衣服很少，冻得直哆嗦，连话都说不出来。

妈妈看着老人，说："婷婷，你看她多可怜啊。回家拿点衣服和吃的给她，怎么样？"

婷婷说："好啊，那我们快去吧。"

婷婷和妈妈回家拿了一件厚棉袄，给老人穿上，还给了她一些吃的。

慢慢地，老人不再哆嗦，还吃了她们拿来的东西。老人非常感谢她们的帮助，一个劲地说谢谢。看着老人不再哆嗦，能起来走动了，婷婷和妈妈感到非常高兴。

返回的路上，妈妈对婷婷说："站在老人的角度去为她着想，真正感受到她当时有多么难受，我们就会感到丝丝的欣慰，何乐而不为？"

俗话说："赠人玫瑰，手留余香。"教孩子体会他人的感受，和孩子一起帮助别人，不仅能让自己得到快乐，还能教会孩子换位思考。

告诉孩子：容天下人，才能干天下事

一个人的胸襟广阔与否，会直接影响他的成就。因此，古时候才会有"宰相肚里能撑船"的说法。宽容是一种生存的智慧、生活的艺术，是看透了社会人生以后所获得的那份从容、自信和超然。苏霍姆林斯基说过："有时宽容引起的道德震动比惩罚更强烈。"

孩子非常计较自己的得失，总会为了点鸡毛蒜皮的事情发生争执，这时候就要告诉他们：容天下人，才能干天下事。

禅师白隐是一位生活纯净的修行者，受到乡里居民的称颂，认为他是个可敬的圣者。

在白隐禅师的住处附近住着一对夫妇，他们有一个漂亮的女儿。有一天，夫妇俩发现女儿居然已有身孕。夫妇俩非常生气，逼问女儿那个可恶的男人是谁。女儿吞吞吐吐地说："白隐。"

夫妇俩直接找上门，跟白隐理论。白隐却不置可否，若无其事地回答道："就是这样吗？"孩子生下来后，就被送给白隐。白隐虽然失去了名誉，却不以为然，细心地照顾孩子。即使遭受别人的白眼或冷嘲热讽，他也泰然处之。

孩子的母亲感到异常羞愧，向父母吐露了实情：孩子的父亲是在鱼市工作的一个年轻人。

父母听了女儿的话，立刻将她带到白隐面前，向他道歉，并祈求得到他的宽恕。

白隐淡然如水，并没有趁机教训他们，依然说出了那句淡淡的话："就是这样吗？"就像什么事情都不曾发生过。

白隐超乎"忍辱"的德行，赢得了更多、更久的称颂。

宽容不仅仅是一种做人的雅量，更是一种文明的标志，不仅能体现个人的胸怀，更是一种博爱的人生境界。心怀宽容之心，性情就会变得随和，心灵也就有了回旋的余地，可以消除许多无谓的争执。

一次，老师问小朋友："你们有讨厌的人吗？"小朋友们有的不出声，有的点点头。

老师发给每个孩子一个纸袋，告诉他们："今天，我们来玩一个游戏，你们把自己讨厌的人的名字写在纸条上，也可以用符号代替。每天放学后，到路边找一些石头，回去把这些写着名字的纸条贴到石头上。把你讨厌的人的名字，贴在大点的石头上；一般讨厌的，贴在小点的石头上。你们每天都要将'讨厌的人'放进这个袋子里，带到学校。"

小朋友们听了，都觉得异常有趣，放学后抢着找石头。第二天一早，孩子们都带着装了石头的袋子来到学校，你一言我一语地相互讨论……时间一天天地过去了，第三天、第四天、第五天……小朋友袋子里的石头越装越多，有些孩子的袋子甚至自己都提不动了。

小朋友们开始抱怨："老师，拎着这些石头来学校好累啊。我都快累死了。"

老师笑了笑，对孩子们说："放下石头吧，以后也不要往里面放石头了。"

小朋友们都很诧异，为什么不搜集了呢？老师回答说："孩子们，讨厌一个人，就等于在你的心头加了一块石头。讨厌的人越多，就越累。我们应该学会宽恕别人，不要把小事儿记在心上……"

宽容是一贴健康的良药，更是一种美德。一定要告诉孩子，每个人都可能犯错误，只有大方地看待别人的错误，才能原谅别人；一直保持生气的状态，只能给自己带来沉重的心理负担。

孩子的宽容心是一种非常珍贵的感情，主要表现为：原谅别人的过错。这种感情，有利于孩子个性的健康发展。富有宽容心的孩子一般都心地善良、性情温和，而缺乏宽容心的人往往性情怪诞，容易走极端，不易与人亲近，人际关系往往不好。

白岩松在《致儿子的信：学会宽容》中写道："如果所有的美德可以自选，孩子，你就先把宽容挑出来吧。它会让你把爱放在首位，宽容会使你随和，让你把一些人很看重的事情看得很轻，宽容还会使你不至于失眠，再大的不快，再激烈的冲突，都不会在宽容的心灵里过夜。"

孩子的成长之路，毫无捷径可言。真正爱孩子的父母，绝不会将他们放进温室里，而是让他们眼里有星辰大海，内心有温暖的光。面对风雨时，孩子能够毫不畏惧，静待风平雨静，坚定而有爱。

宽容之心从琐碎生活中来

世事纷杂，如果孩子把所有的小过节都放在心里，折磨的不是别人，而是孩子自己。

在诺贝尔文学奖的颁奖礼上，莫言回忆了自己母亲的故事：

幼年时期我跟着母亲去集体地里捡麦穗，结果被身材高大的守田人发现，母亲挨了一个耳光。母亲无力反抗，倒在地上，莫言刻骨铭心。多年之后，莫言在集市上再次遇到了那个看守人。这时候，那个人已经白发苍苍，他想冲上前去报仇，母亲却一把拉住了他。母亲说："儿子，打我的那个人与这个老人，并不是一个人。"

还有一次，中秋节，家中包了饺子，每人只有一碗。一个乞讨的老人来到家门口，莫言端起半碗红薯给乞丐吃，乞讨者有些不满。莫言气愤地说："我们家一年也吃不上几次饺子，而且一人只有一小碗，给你红薯就不错了。"听到莫言的话，母亲立刻制止并训斥了他，然后端起自己的半碗饺子，倒进老人的碗里。

宽容，善良，不斤斤计较，是目不识丁的母亲的人生格局。没有豪情万丈的大道理，只有以身作则的榜样。母亲恰到好处地教会了莫言：你对别人和和气气的，别人就会对你和和气气的。

董卿说："枪响之后，没有赢家。"恩怨不是靠报仇才能消除，而是放下，即放过自己。宽容的孩子，会让往事随风而逝，自己继续往前走。

作家路金波说过："不要给你的孩子只塑造一个世俗的、眼下的、渺小的世界，要从小给他看星空、海洋、恐龙、神话、圣贤。这样，等他长大后，他就有足够的胸怀容忍各种无趣的生活。"

人与人之间是相互的，你怎样对待他人，他人就会怎样回应你。大人如此，孩子亦然。

3岁的子轩到了上幼儿园的年龄。上幼儿园的第一天，奶奶就告诉他："在幼儿园如果有人打你，你一定要打回去。不能被别人欺负了。"每天放学回家，奶奶都要反复地问孙子在幼儿园有没有被欺负。

一天，奶奶去幼儿园接子轩。由于小朋友们同时穿衣服，玄关处非常拥挤，小朋友琪琪不小心把子轩挤倒了，子轩爬起来，不由分说就推了琪琪一把，最后两个小朋友推来搡去竟然打了起来。

奶奶看到孙子被欺负，跑过去打了琪琪。琪琪爸跑过来跟奶奶理论，最后小孩之间的一次小争执变成了大人之间的战争。

显然，奶奶对子轩的教育存在很大的问题，她没有告诉孩子宽容的意义。

现在社会中独生子女太多，多数孩子都被父母和其他长辈捧在手心，孩子看重自我，以自我为中心，没有了那颗宽容之心。而富有宽容心的孩子，一般都心地善良，性情温和，惹人喜爱，受人拥护；反之，缺乏宽容心的人则性情怪诞，人际关系往往不好。那么，怎样才能让孩子拥有一颗宽容的心呢？

1.为孩子树立榜样

孩子的宽容之心主要源于父母。孩子最初是从父母那里学习待人接物方式的。父母宽容、大度、遇事不斤斤计较，与邻里、同事之间融洽相处，孩子就会学着父母的样子处理同学之间的关系，也会变得宽容、好善，乐于与人相处。

2.教孩子学会"心理换位"

所谓心理换位，就是指当双方产生矛盾时，能够站在对方的角度思考问题，思考对方何以会如此行事、如此说话。做到了这一点，就能理解对方，可以减少很多不必要的麻烦。

孩子习惯于从自己的角度思考问题，不考虑别人，想要消除这种现象，就要让他们学会"心理换位"。

会下棋的人，可能都有这样的经验：刚学下棋时，都是只考虑自己第一步怎样、第二步怎样，不会考虑对方会怎样。只有棋下到一定水平后，才会考虑我怎样、对方怎样……考虑的回合数越多，个人的水平就会越高。对于孩子来说，能够"心理换位"，站在对方的角度思考，设身处地地多为对方设想，许多矛盾自然也就化解了。

孩子站在父母的角度考虑，就会理解父母的良苦用心；

孩子站在祖父母或外祖父母的角度考虑，就会理解老人的那份关爱和唠叨；

孩子站在老师的角度思考，就会理解老师的艰辛；

孩子站在同学的角度思考，就会觉得多数同学是可爱、可亲、可交的。

所以，教孩子学会心理换位非常有必要。

3. 告诉孩子，每个人都有缺点

金无足赤，人无完人，有缺点和不足乃是人性的必然。跟同学和朋友相处，完全没必要求全责备，只要同学和朋友的缺点不是品质方面的，完全可以求同存异。

对于朋友的缺点和不足，对于同学心情不好时所说的话和所做的事，根本就没必要计较，不能事事都要求公平合理。孩子多原谅一次人，多给他人一次宽容和理解，他们就能找到一份好心境，使他们觉得在个性完善的道路上又向前迈进了一步。

当然，也要告诉孩子：宽容不是畏惧，不是懦弱，不是盲从，不是人云亦云；宽容是明辨是非之后对同学、朋友的退让，而不是对坏人坏事的妥协。对坏人和得寸进尺的人，根本没必要宽容。

4.让孩子多与同伴交往

宽容之心是在人与人之间的交往中培养起来的。只有与人交往，孩子才能发现每个人都有这样或那样的缺点，都会犯或大或小的错误。同时，只有容忍别人的缺点和错误，才能与人正常交往，友好相处；只有通过交往，孩子才能体会到宽容的意义，体验到宽容带来的快乐。比如，称赞别人的缺点、庆贺同伴的成功、帮助有困难的小朋友、采纳别人的合理建议等，都能使孩子得到友谊，分享别人的成功，并使自己也获得进步。

在孩子与同伴交往的过程中，父母要注意引导孩子宽容比自己强的同伴、比自己"差"的同伴和自己的竞争对手。让孩子不嫉妒比自己强的同伴，不嘲弄比自己"差"的同伴，不故意为难自己的竞争对手，学会与竞争对手合作。

第九章
秩序：秩序感强的孩子才能获得真正的幸福

建立规则比说教更有效

心理学上有一个词，叫"潘多拉效应"。意思就是，很多时候越想禁止别人做一件事情，越会引起别人的好奇心。

孩子小时候，总想用东西戳一戳插座上黑色的孔，父母急忙跑去阻止，但孩子会趁父母不注意时，想方设法地拿东西往里塞。原因就在于，父母对事物不说明原因，只是简单禁止，使这件事物拥有了特殊吸引力，孩子就会不由自主地将更多的注意力转移到这件事上。

餐厅里，一家四口坐在座位上。老大觉得无聊，就拿起了叉子，一会儿敲敲桌子，一会儿敲敲杯子，一会儿敲敲面前的碗和碟子，开心得就像发现了新大陆。老二很快也加入其中。

看着别人投来责备的眼神，妈妈就拦了一下，并责骂了一句："不能敲碗筷。"

孩子们安静了一会儿，然后又开始试探性地用小力轻敲，越玩越兴奋。

爸爸从洗手间回来，看到这一幕，立刻把两个孩子手上的叉子抢了过来，认真地问："为什么要用餐具敲桌子？"

老大犹豫了一会儿，说，他只想知道用钢叉敲其他东西会是什么声音。而老二则是看哥哥玩得很开心，所以跟风一起玩。

听完两个孩子的理由，妈妈看着两个孩子，说："餐具就是用来吃饭的，不是乐器，也不是玩具。你们弄出来的声音，吵到了别人，这是不对的。以后不管在家，还是在外面，都不能这样做，知道吗？"

两个孩子点点头，乖乖认错，保证下次不会再犯了。

很多时候，孩子的一些错误行为，都是因为好奇心在作怪。

心理学研究表明：探究周围世界的未知事物，是人类普遍的行为反应，是人在长期生物进化中形成的具有生物意义的稳定需要。有些事，父母越是不让做，孩子越忍不住想去做。所以，立规矩时，要明确告诉孩子理由，让孩子明白其中的对错，帮助孩子理解规则。

孩子为什么总是要赖，为什么总是出尔反尔？不是因为孩子太小不懂事，而是因为他们没有规则意识，想怎么做就怎么做，完全不考虑别人的感受。想要管教好这样的孩子，就要做到宽容而不纵容，从小就给他们灌输规则意识。

前几天，4岁的小男孩在楼下看到了经常一起玩的小朋友，跟妈妈商量说，要跟小朋友一起玩。

妈妈说："可以，就玩十分钟。"

男孩不同意："十五分钟。"

"好吧，十五分钟就十五分钟，但到点必须回家。"妈妈回应儿子。

时间很快过去。妈妈说："十五分钟到了，该回家了。"

儿子不乐意地说："×××没回家，我也不回家。"妈妈心里有点恼，一是因为儿子跟别人攀比，二是因为儿子说话不算数，但她耐着性子跟儿子说："你如果觉得自己做得对，就继续在楼下玩；如果觉得不对，就跟我回家，因为十五分钟已经到了。"

妈妈转身往家走，利用余光看到儿子在后面不情愿地跟着走。

回到家，儿子闷闷不乐，妈妈装作视而不见。

妈妈到厨房做晚饭，儿子一个人躲在钢琴房生闷气。大约20分钟之后，儿子跑过来搂着妈妈说："妈妈，我错了。"

妈妈放下手中的活儿，跟儿子一起坐在沙发上，问："你哪里错了？"

"妈妈，我说话不算话，又任性了。"

"嗯，知道错了，就是好孩子。你知道吗，如果你感觉十五分钟太短，可以提前跟妈妈说，但不能答应了却又出尔反尔。"

儿子露出了笑脸，说："妈妈，你看我今天也有表现好的地方啊，我只是不高兴，但是没哭，因为我知道哭是解决不了问题的。"

"嗯，做得好的地方值得表扬，但做错事妈妈也会严厉批评。"

宽容孩子不是纵容，建立规则比说教更有效。

按照儿童心理学家皮亚杰的道德发展阶段论，2~8岁的孩子正处于他律道德阶段，完全可以给他们立规矩，但要讲究以下几个原则。

1. 态度要温和且坚定

所谓温和，就是家长要控制自己的情绪，不要急于批评和指责，要持续地、有耐心地、语气平和地告诉孩子规则是什么，该怎么做。也就是说，管教孩子的同时，要让他们感受到父母的爱和耐心。

坚定，指的是一旦制定了规则，就不能轻易妥协。确定好规矩后，被孩子的哭闹纠缠打败，就会打破规则，一再妥协。比如，规定孩子每天只看二十分钟动画片，但二十分钟后孩子还想看并开始哭闹，有些父母就会招架不住，只能让孩子继续看。

家长在执行规则的过程中一定要坚定，否则不利于孩子规则意识的养成，还会让孩子学会利用哭闹等方式来达成目的，影响孩子奋斗意识的培养。

家长要和善且坚定地告诉孩子制定好的规则不能轻易更改，比如："我知道你很难过，但我们定好的这个规则是没有办法更改的，我也替你感到难过。"让孩子在爱和尊重中认清界限，不仅有利于孩子建立规则意识，也能让孩子学会温和且坚定地面对未来的各种抉择和冲突。

2. 规则要有弹性，不能过于严苛和古板

规则的弹性，主要体现在规则可以有时间限制，可以有理由地通融。

比如，一些东西，孩子小时候不能摸，但等孩子长大后就可以摸了，就可以对规则做出调整了。因此，当我们跟孩子讲规则时，可以说明时间限制，比如："你可以做这件事情，但要等到十二岁以后才可以做。"

规则的弹性，体现了尊重孩子的特点及事物的规律，也能教会孩子做事情要灵活多变，促使孩子更好地适应社会的发展。

3. 共同制定规则

除了涉及公共秩序和安全的规则以外，其他规则最好能和孩子共同商定。尤其是对年龄大点的孩子来说，父母在制定规则时，更要充分地听取他们的意见，让他们参与进来。如此，才能使他们更易接受并遵守规则，引发他们的反思、反省和自我管理。

培养孩子的秩序感，从学会自律开始

心理学家塞德兹说："人如陶瓷，小时候会形成一生的雏形。"对于孩子来说，自律与专注力同样重要，没有良好的自我控制、自我管理的能力，自己设定的目标就无法完成。

心理学上有个特别有名的棉花糖实验：

实验人员让几个 4 岁的孩子待在一个房间并告诉他们，棉花糖可以随时吃，不过如果等到实验人员回来再吃，就能获得更多棉花糖。实验开始后，有的孩子立即大口吃掉了棉花糖；有的坚持了一会，但最后没忍住；有的孩子用唱歌、自说自话的方式转移注意力，坚持到最后，得到了更多棉花糖。

实验结束后，实验人员对这些孩子进行了长期的跟踪调查。结果发现，当年能坚持的孩子明显比其他小孩更优秀，更受人欢迎、工资更高等；

而那些立即吃掉棉花糖的孩子，人际关系往往较差、不善于应对压力、注意力不集中……

自律的人各有各的幸福，不自律的人痛苦却大同小异。从小时候写作业不自律开始，很多孩子就形成了这样的成长轨迹：

小学时，明明有一大堆作业要做，却管不住自己，想再玩一会，翻箱倒柜找吃的，玩手机，看电视……时间一点一点过去，实在不能再拖时，猛然醒悟，奋笔疾书，最后草草了事。

初中高中时，跟不上老师的教学进度，学习不自律，考不上理想的大学。

上了普通大学，日常生活依然不自律，一边和舍友通宵达旦地玩游戏，一边期盼着期末考试可以门门都上 90 分。

毕业工作后，做事不自律，下班后总是跟同事去玩，不增进自己的业务能力，希望自己能够在 30 岁前实现财务自由……

不自律的孩子，最终都会成长为不自律的大人。

清华学霸马冬晗的答辩视频曾一度流传于网络，网友被她满屏的荣誉震惊，比如：清华大学"一二九奖学金"、国庆 60 周年群众游行 24 方阵优秀队员、精仪系牛彼得杯羽毛球联赛团体冠军等。

马冬晗学习、运动两不误，文武双全，妥妥的"别人家的孩子"。她的优秀令人瞩目，但优秀的背后其实是努力的累积。其中，最让人震惊的当属一张密密麻麻的作息表：早上 6 点起床，凌晨 1 点睡觉，学英语、写作业、复习、锻炼、社工等排满了整个计划表，精确到每个空闲的时间段。

马冬晗每天都是6点钟起床，7点时已经坐在了自习室里。她对待专业知识异常认真，课前认真预习，课后主动钻研。每次上课，马冬晗都坐在教室第一排，努力汲取知识。三年中，她的考试成绩没有低于95分的，是名副其实的第一名。

利用这张严苛的时间表，马冬晗不仅掌握了专业知识，还有更多的时间来提高球技，从菜鸟一步步打入全校四强。后来，她还练习了排球和羽毛球，同样获得了令人瞩目的荣誉。

除了学习和运动，马冬晗还挤出时间当班委和学生会干部，不仅是老师眼中的好学生、同学眼中的好班委，更是精仪系第36届学生会主席。

马冬晗的成就让人赞叹。在她的时间表里，对自己的每一天都做出了总结和勉励，里面频繁出现的字眼是高效，自律强悍程度宛如钢筋铁骨。多年来，这样的作息表她写过很多张。

明确的目标，钢铁般的坚守，让马冬晗成为更好的自己，造就了她的优秀，也充实了她的人生。

优秀的背后是坚韧不拔的毅力。优秀不是自律的起点，而是自律累积成的终点，平凡和不凡常常只差了一个自律。

孩子把玩具撒了一地，然后就不管了；

孩子不知道自己收拾书包，每次都要家长督促去做；

孩子没有养成主动完成作业的习惯……

自律，其实是自我约束的一种能力。心理学家认为，孩子的心智还不成熟，自律能力差是很正常的现象。所以在管教时，家长要把握好度，过严或过松都不合适；同时，方法也不能太过生硬，可以从生活中的小事慢慢去引导，逐渐提高孩子的自律能力。

1. 鼓励孩子内在的自律性

鼓励孩子内在驱动力与兴趣，给他设置一些温暖慈爱而又对他充满尊重的限制，就能让孩子形成内在的自律性。只要孩子取得成绩，就能得到别人鼓励的回应；对于他的不当行为，则要接受相应的惩罚。这样，孩子便会主动实现自己的目标，并有意识地给自己设定一些行为约束，很好地掌控这套成熟的自律体系。

2. 让孩子制订自己的长远规划

给孩子建立规则时一种非常有效的方法，就是摆一个大大的黑板或写字板，让孩子制订长远规划。既可以通过画出图像来唤起记忆，也可以用一支荧光笔标出即将进行的安排，在他遇到问题时，我们只要给他提供帮助即可。

重要的是，一定要让孩子通过自己的想象和分析找到合适的外援。如此，在完成任务的过程中，孩子就会不断地反复检查、确认自己的计划和行动的效果。

让孩子建立秩序感，一份日程表足够

儿童发展专家克莱尔·勒纳曾经说过："当有一些可预测性和常规性时，孩子们会感到更加安全，也会表现得更加平静，因为他们知道会发生什么。"

如何理解这句话？这就是说，在生活中，孩子可以掌控的事情很少，但只要孩子掌握了一些具有可预测的东西，比如：什么时间吃饭、什么时间起床或睡觉等，就会感到有安全感，因为他们知道在什么时间该做什么事情。

所以，可以跟孩子一起制定一个时间表，尽量保持相同的时间，如起床时间、午睡时间、就寝时间、进餐时间等。也可以把时间表打印出来，让表格中的内容更直观有趣，也能让孩子经常看见，从而使孩子对自己所做的事心中有数。

在《伊索寓言》里有一个《蚂蚁和蝉》的故事：

冬天，蚂蚁在翻晒受潮的粮食，一只饥饿的蝉向他乞讨。

蚂蚁对蝉说："你为什么不在夏天储存点粮食呢？"

蝉回答说："那时我正在唱悦耳的歌曲，没有时间。"

蚂蚁笑着说："如果你夏天吹箫，冬天就去跳舞吧。"

这个故事告诉我们，时间安排不同，人生的境遇自然也就不一样。为了赢得更多的时间，不管孩子多忙，都要让他们抽出一定的时间来做规划。

著名的时间管理专家阿列斯·伯雷曾说："一天的日子，就如同一个行李箱，如果你懂得装箱的技巧，一个箱子就可以装下两个箱子的东西。"那么，制订日程表会给孩子带来什么好处呢？

有助于孩子提高学习效率，减轻学习压力；

有助于孩子整理自己的思路，帮助其思考；

防止孩子漏掉某些重要的事情，使孩子将自己的时间主要集中在重要的事情上，防止孩子分心；

有助于孩子随时检查学习或生活的进程，做到忙而不乱，心中有谱；

使孩子能痛痛快快地玩，认认真真地学；

使孩子的生活更加均衡，发展更加全面；

使孩子对自己的生活更有控制感和方向感，更加积极主动……

孩子养成制订日程表的习惯，清楚地知道自己每天要做什么，父母就不用苦口婆心地提醒和督促了，就可以省下很多时间和精力。

因此，为了让孩子养成有序的学习和生活习惯，就要引导他们制订日程表，合理分配每天的时间。可以指导孩子列出某一天的事务清单，对照学校的课程表，把孩子从早上起床到晚上睡觉一整天要做的事情都列出来。

列事务清单时，要注意以下几点：

（1）把所有的事务都考虑到，甚至要买什么东西、给谁打电话等小事也要考虑到。

（2）估计做每项事务的时间，科学安排日程表中的事务。通常，预留出 25% 甚至 50% 的时间，就能获得放松的时间，还有利于留出时间处理突发事情。

（3）把孩子每天要做的事与时间结合起来，稍加修整，成功制作成每日的日程表。先标出起床和睡觉的时间，再填上上课时间、上学来回的时间、课后必需的活动时间。此外，还要将空白的地方合理利用起来，加入家庭作业、兴趣爱好、娱乐活动等内容。

总之，为了让孩子逐渐感受到日程表的好处和时间管理的乐趣，要尽量将孩子的生活安排得既丰富多彩，又不至于太紧张。当然，日程表是一种工具，其价值在于执行。制订了每日日程表后，要鼓励孩子按照日程表去行动。

第十章
感恩：感恩之心离卓越人生最近

感恩不是话语，而是心里的种子

感恩是人生中一门必要课程，可以让孩子心存美好，让孩子与别人的距离越来越近。心怀感恩，孩子也能变得更加谦卑和强大，推动他们走向未来。在教育孩子的过程中，一定在孩子幼小的心灵里播下感恩意识的种子。因为，只有常怀感恩之心的人，才能走好人生之路。而培养孩子的感恩之心，仅靠说教和灌输是没有效果的。

案例1：

记者曾在北京的一所中学门口随机采访了一些学生，结果多数学生都不知道父母的生日。记者问："针对父母的付出，你会如何回报？"学生的回答居然惊人的相似，多数孩子认为"努力学习、提高成绩，考上好大学、将来多挣钱"就是对父母最好的回报；只有少数同学表示，在家多帮父母分忧，孝敬父母，懂得感恩。

案例 2 ：

一天，吴女士感冒发烧，正赶上丈夫出差，她不得不自己去学校接 10 岁的儿子。回到家，她硬撑着给儿子煮了一碗西红柿鸡蛋面，然后就去休息了。儿子不但没有关心妈妈的病情，反而冲她发起了脾气："妈妈，你早上不是答应我做红烧鱼吗？你病了，可我也得吃饭呀，我不吃面。"虽然这件事情过去了一年多，吴女士依然伤心不已。

案例 3 ：

初二学生李楠 14 岁生日那天，爸爸送给她一个电子词典。李楠感到很喜悦，可当她打开包装后，脸上的笑容顿时凝固了，她不高兴地说："你怎么买的是这种呀，这个不好用，我要卡西欧的。"然后，随手就把它扔在了沙发上。爸爸满心的欢喜瞬间变为失落，他答应女儿，过几天再给她买个卡西欧的。

除了以上几个案例，感恩心理的缺失，在如今的孩子中并不少见。

小学放学，孩子一出校门，书包便往等待他们已久的爷爷奶奶手中一扔，自己则轻轻松松、大步流星地往前走，丝毫不考虑身后的老人追不上自己；

早上在中学门口，送学生的车排成了长队，孩子们一个个走下车，"砰"地关上车门，急匆匆地跑进学校，没人会跟爸妈说一声"再见"；

饭桌上，面对丰盛的晚餐，孩子们忽略了爸爸妈妈的工作辛劳，饭来张口，还挑三拣四："今天的虾不好吃""这个茄子油放多了"，很少夸奖爸妈的厨艺，更体会不到父母变着花样准备晚餐的那份苦心。

感恩，是中华民族的传统美德；"滴水之恩，当涌泉相报"是中华民族深厚的感恩文化。要想让孩子具有感恩之心，首先要在孩子心中埋下感恩的种子。

2021年9月，儿子到外地上大学，很少给家里打电话，多数情况是缺钱了才跟父母联系。如今，父母已经对儿子的电话形成了条件反射。

儿子每次给父亲发短信，内容都只有三个字："爸：钱。儿。"父亲看罢，心酸不已，他感叹：在"爸"和"儿"之间夹了一个"钱"，也许在儿子眼里，维系父子关系的纽带就是这个"钱"字，要是没有了"钱"，父子之间可能也就没有什么联系了。

德国著名哲学家雅贝尔斯说："教育的本质意味着一棵树动摇另一棵树，一朵云推动另一朵云，一个灵魂唤醒另一个灵魂。"其实，成就孩子未来的，不是好成绩，也不是高智商，能够让孩子站在高地上的其实是心存感恩的心灵。

感念社会之恩，孩子才能学会和不同性格、不同阶层、不同文化背景的人相处，这样的教育才能让孩子刻骨铭心。因此，要让孩子学会感恩，让感恩的情怀在孩子的心灵和情感家园中生根、发芽、结果。

首先，父母要多关心长辈，多照顾老幼，从日常的点滴事情做起，营造出知恩感恩的家庭氛围，从简单的道谢开始教育孩子学会对他人心存敬畏和感恩。

其次，让孩子树立感恩父母的意识，再扩展为其他人。让孩子知道父母工作的艰辛和付出，可以让孩子参与一些小劳动，切身感受生活的不易。遇到特殊的节假日，也可以和孩子一起参与一些节日活动，比如，母亲节、父亲节、教师节、老人节等，和孩子一起准备手工礼物，表达别人对自己的关照和帮助。如果有机会，还可以让孩子参加一些社工活动，比如，去孤儿院或敬老院等；也可以让孩子跟更多贫困地区的孩子交朋友，改变孩子的不懂事和冷漠，引发他们的慈悲心和感恩心。

最后，还要注意一些事项。比如，思想上不能操之过急，态度上不能太过强硬，交流上要保持亲切。总是对孩子说"我们这么辛苦都是为了你"，会给孩子带来很大的压力，孩子和父母之间的关系也会变成一种交易，给孩子一种心理暗示：这些付出是需要回报的。

无论遇到什么人什么事，回头想想，常怀感恩

感恩是孩子必须具有的一种素质，所谓的感恩就是要感恩身边的人和事。

在沙漠中，两个人正在慢慢走着。他们是好朋友，可是不知道什么原因，两个人居然吵了起来，甲打了乙一巴掌。乙感到很伤心，便在沙子上写道："今天我朋友打了我一巴掌。"写完后，他们继续前行。

后来，他们来到一块沼泽地，乙不小心踩到了里面，甲拼命去救他。

最后，乙成功获救。乙高兴地拿出一块石头，在上面写道："今天我被朋友救了。"

甲感到很奇怪，问乙："为什么你把我打了你一巴掌写在沙子上，而把我救了你一命刻在石头上呢？"

乙笑了笑，回答说："如果我被别人误会，或有对我不利的事情，就应该让它在最容易遗忘、最容易消失不见的地方存在，这样风会负责把它抹掉；而如果朋友对我有恩，或者对我很好，就应该让它在最不容易消失的地方被铭记，任风雨洗礼绝不忘记。"

牢牢记在心上的是别人对自己的好，随风而逝的是别人身上的缺点，这也是道德的真谛。让孩子知道感恩是每个人应有的基本道德准则之一，也是做人的基本修养。孩子懂得感恩，才会得到幸福。

一位富有的老华侨归国后，想资助一些贫困地区的学生，于是在有关部门的帮助下，找到一些有受捐需求的孩子的联系方式与地址，给他们每人寄了一本书、一些笔，并随书标注了自己的电话号码、联系地址和邮箱等信息。

家人和朋友都不理解老人的做法：为什么送一本书还要留下联系方式？

在不解与质疑声中，老人焦急地等待着。每天不是守在电话旁，就是去看门口的信报箱，或上网打开自己的邮箱。

有一天，老人终于收到了一位收到书的孩子寄来的祝贺节日的卡片（也是唯一与老人联系的孩子）。老人高兴极了，当天就给这个孩子汇出了第一笔可观的助学资金，同时毅然放弃了对其他学生的资助。

家人此时才明白，老人是在用他特有的方式诠释"不懂得感恩的人不值得资助"的道理。

对孩子来说，只有懂得感恩，才会更受欢迎。在孩子小时，让他们有一颗感恩的心，才能让他们拥有更高的情商；等到孩子上学或步入社会后，才能更受欢迎。

某商场的儿童乐园里，几个小朋友在一起玩积木。一个年龄稍微小点的孩子有些笨拙，无法把积木拼出好看的形状。一个稍微大点的孩子对他说："那边有图纸，你不会照着上面的图案拼呀，真笨。"

年龄稍小点的孩子没有生气，而是微笑着回答："哎呀，原来可以这样做，谢谢你。"

这么小的孩子竟然把这件事处理得这么好，着实让人感到意外。

感恩是一种积极的做法，能帮助孩子改善情绪状态。孩子懂得感恩，对待生活的态度就会很积极，会把自己乐观开朗的一面展现在别人面前，孩子也能受到长辈的喜爱、收获同伴的友情，将来也会受到领导的赏识，他们的情商往往也更高。

没有人会不尊重一个有感恩之心的孩子

对于心怀感恩之心的人，人们一般都会报以尊重。

上周考试时，语文老师给同学们出了一道作文题——《我的爸爸妈妈》。

学生交上作文后，语文老师大致翻了一下，看到有一个孩子的作文题目是《我不争气的爸爸妈妈》，他感到有些心寒。

老师有点惊慌失措，于是就把这篇作文塞到了教科书里，回到办公室后仔细阅读起来："我有一对特别不争气的爸爸妈妈，他们特别穷，只能用电动车接我上下学。我觉得自己在同学面前很丢脸，因为其他同学坐的车虽然不是宝马奥迪，但至少是一辆汽车。我的爸爸妈妈不仅穷，还特别没有骨气，上次我犯了错，他们居然低三下四地跟校长说好话，真是太没骨气了……我的爸爸妈妈经常对我说：'孩子你要争气，努力成为一个优秀的人。'我想，他们小时候如果能够争点气，我现在就不用每天都坐电动车上下学了。"

看了这篇作文，语文老师立刻就想起了这对夫妇。夫妻二人都特别朴实，对孩子的教育也十分用心，学校开家长会时他们都是第一时间到场。然后，语文老师跟班主任要来了他们家的联系方式。

孩子妈接了电话，当她知道打电话的是孩子的语文老师时，问道："我家孩子是不是又闯祸了？"语文老师回答说没有。从这位妈妈口中，语文老师了解到，为了把孩子培养成一个优秀又孝顺的人，他们尽可能地满足孩子，在孩子身上寄托了许多美好的期待。

作家刘墉说："孩子不懂得珍惜，因为他已变成笼子里的小鸟，天天等你喂。他无法独立，觉得你是欠他的，你到时候就该喂他。"不考虑父母，只顾自己，想干什么就干什么，不考虑任何一个家庭成员，不懂得感恩的孩子，怎么能算得上优秀？

抖音上曾出现过这样一段视频：

烈日炎炎的夏日，人们都不愿意出门，因为太热了。可是有一个10岁的男孩不仅在大热天出门，还热火朝天地干着活。田先生在自家公司楼下取快递时，发现一个10岁男孩站在快递箱前。男孩拿快递的动作熟练自然，他以为男孩也是来取快递的。可经过仔细询问后得知，男孩是利用暑假来帮爸爸送快递的。他那熟练的动作也告诉大家，这不是他第一次给爸爸帮忙。

别人家10岁的孩子还在父母跟前撒娇，这个10岁的男孩却已经在用自己稚嫩的双肩为爸爸分担压力了。

孩子有了这个年纪不该有的担当，知道体谅父母的辛苦，是最难能可贵的。

这天，苏州轨道交通四号线的工作人员，收到了一名小学生专程送来的感谢信和5元车票钱。

原来，当时这名小学生放学回家时，忘记带学生卡和现金，且身上又没有手机，无法进站乘车回家。在安检口徘徊了一阵之后，小学生只能向工作人员求助，借手机打电话给父母，但是爸爸妈妈却因为工作的原因没办法来给他送钱。了解了孩子的困难后，工作人员专门给了孩子5元现金，让她乘车回家。第二天，这个孩子居然特地来到车站归还5元车票钱，还送上了自己亲笔写的一封感谢信。孩子用稚嫩的话语表达了自己对工作人员的感谢，收到感谢信的工作人员，脸上也不禁洋溢起了笑容。

感恩别人，孩子也能得到一种满足感与成就感。

拥有感恩之心的孩子，都是人间的小天使，会温暖整个世界。

下篇
让孩子变得更卓越
从培养能力开始

第十一章
自理：能自理的孩子，人格更健康

让孩子自己吃饭穿衣、背书包

如今的孩子多数都是独生子女，几个大人围着一个孩子转，对孩子的大小事情大包大揽，孩子失去了动手和自理的机会，这样只会害了他们。

有这样一个事例：

某高校的一位研究生，学习成绩特别好，学校领导考虑派他出国深造。学校派人找他谈这件事情，本以为他会很高兴，因为毕竟不是每个人都有机会出国。可是，这位研究生听了这个消息之后却愁眉不展，最后竟然拒绝了。领导感到非常惊奇，经过调查才发现，原来这个学生虽然学习特别好，但生活上的事情一窍不通，甚至不能自理。最终只能选择放弃。

这个事例不得不引起我们的反思：在教育孩子的过程中，我们是否有意无意地包办了孩子许多力所能及的事情？在重视孩子学习成绩的同时，我们是否忽略了培养孩子的生活能力？作为家长，是否在无意中剥夺了孩子成长的权利，限制了孩子的自我发展？

我国著名学前教育专家陈鹤琴先生说："凡是孩子自己能做的事，让他自己去做。"放手让孩子做自己能做的事，不动声色地让孩子从劳动和摔打中锻炼出自主能力，这样的父母远胜过大包大揽的"好妈妈"和"好爸爸"。

儿子背上书包后，父母也背起了更多的责任。似乎父母养育孩子到6周岁，就等着他背上书包这一天。父母的心随之不轻松起来，身影也比以前更忙碌。

早上催促儿子起床，帮他整理书包，晚上陪他读书，检查作业，辅导功课。父母为孩子忙前忙后，孩子却不领情，依然我行我素，成绩并没有太大的起色。父母不在乎自己的疲累，但看到孩子的成绩与自己付出的劳动不成正比，他们也感到异常憋屈。

为何会出现这种情况？归根结底还在于父母自己身上。父母太勤劳，让孩子丧失了自理能力；太关注他的学习，反而让孩子变得没有责任感和自觉性。孩子学习目标不明确，以为是为大人学的，对大人产生了深深的依赖，自然就无法养成良好的学习和生活习惯。

好的习惯是保证优秀成绩的关键，是将来成材的前提，是培养健全、独立人格的保证。要想判断一个孩子的自理能力如何，不仅要看他们是否具备生活必需的劳动技能，更要看他们有没有自我服务的意识。

心理学研究发现：缺乏自理能力的孩子，依赖性强，缺乏责任感，意志薄弱，遇到困难容易退缩。试想，一个人连自己的基本生活都需要依赖他人，如何做好其他事情？

自理能力，是孩子社会生存的一种基本能力，父母一定要重视培养。

每天放学，妈妈都要去接儿子。当儿子走出校门时，妈妈会在第一时间迎上去，为儿子卸下肩膀上的书包，然后递上水或一些吃的东西。回来的路上，儿子无物一身轻，边走边吃边玩。妈妈则背着书包，紧跟着儿子，还要大声叮嘱着："慢点，别摔着，别碰着。"

一天，老师问男孩："你身体这么结实，为何不自己背书包呢？"男孩眨着眼睛说："我想自己背，可我妈不让。"孩子妈则不以为然："孩子这么小，书包他背着太重了，会累着的。"

没有不疼爱自己孩子的父母，但过分溺爱不是真正的疼爱。

调查发现，约有七成的家长过分保护孩子。父母事事为孩子代劳，或安排保姆完成，让孩子无从或无须学习种种生活技能，孩子长大后，必然缺乏必要的生活技能，更无法掌握必要的生存技能。这样的孩子，将来何以谋生？

为了让孩子养成自己的事情自己做的习惯，很多家长都在想办法。其实家长更应该反省，究竟哪些原因让孩子养成了事事都依赖别人的习惯？比如：孩子做事比较慢或做不好，家长会忍不住插手代劳；孩子系鞋带系不好，家长代劳；孩子穿衣服慢，家长代劳……现实生活中，这样的例子实在太多。

基于小学生的身心发育规律，研究者提出了孩子在小学阶段需要学习的自理技能。

在低年级（一、二年级）：孩子要会洗手、洗脸、洗脚，会刷牙、剪指甲；会穿脱衣服，系红领巾、鞋带；会洗红领巾和袜子；会保管好钥匙；会削铅笔、背书包；会整理书包、文具和玩具等。

在中年级（三、四年级）：孩子要会洗头、洗澡、洗内衣裤；会铺床叠被、布置自己的房间；会修理自己的玩具等。

在高年级（五、六年级）：孩子要会加热饭菜、烧开水；会整理自己的书柜、衣柜；会折叠自己的衣服等。

父母可以结合孩子的发展水平和能力特点，对上述要求进行调整，制订更适合自己孩子的要求，培养孩子的劳动意识和能力。为了让孩子学会自己的事情自己做，父母可以从以下几个方面做起：

首先，家长要"慢"半拍。不可否认，孩子的动作本来就比大人慢。当他们做不好时，家长不妨也慢半拍，静静地等他们自己去尝试和解决。一直催促，则会让孩子觉得有压力而干脆放弃。

其次，接受孩子做得不完美。比如：看到孩子鞋带系得不好或衣服穿反了，就一边埋怨一边重新给他穿一遍，久而久之，孩子就会依赖家长，觉得反正我没做好，还有爸爸妈妈呢。如此，不仅不利于培养孩子的动手能力，还会让他们没有责任感。所以，如果孩子做得不好，可以指正，让他们自己改过来。

最后，不要训斥孩子。如果孩子不愿意动手，父母应该多对他们进行鼓励，不要训斥。语言粗暴，只能激发孩子的叛逆心理。总之，父母除了要学会放手，还要多一些耐心和等待。

培养自理能力，不能忽视了做家务

出于疼爱，很多父母都不舍得让孩子干一点家务活。有的人人甚至认为，做家务是大人的事情，孩子只要好好读书就行。可是，孩子不做家务，只知道埋头学习，真的能更优秀吗？

李梅完全把孩子当成皇帝来伺候，寒假期间，孩子每天都是睡到自然醒，只管吃喝玩乐。

小年那天，李梅一大早就开始大扫除，突然头晕得厉害，她对窝在沙发上看电视的儿子说："妈妈不舒服，你去帮妈妈买包感冒药，再买点你喜欢吃的菜。"儿子拒绝了。李梅只好挣扎着出门看病，买了菜，又拖着病体做午饭。

吃饭时，儿子狼吞虎咽，没问候妈妈一句。李梅心里着实难过，批评儿子说："爸爸妈妈这么爱你，可你呢？妈妈难受，你居然不问一句，妈妈生病了还惦记着你肚子饿……"

儿子头也不抬："你照顾我，不是天经地义的吗？"

李梅心凉了一半，自问："我将好东西都给了儿子，怎么把他养成这样呢？真怕儿子变成白眼狼。"

自己如此宠爱的孩子这么对待自己，父母当然会感到心凉。不过，孩子不懂事，有时候真是因为父母为他做的太多。孩子衣来伸手饭来张口，酱油瓶倒了都懒得扶，自然就不会懂得一日三餐是妈妈精心烹饪的，不会知道学费是爸爸辛苦赚来的，更不会理解父母也是需要心疼的。

哈佛大学曾进行过一项长达 20 年的研究，结果表明，爱做家务的孩子跟不爱做家务的相比，就业率比为 15∶1，收入前者比后者高 20%，而且前者的婚姻更幸福。

中国教育科学研究院对全国 2 万个小学生家庭进行的调查也表明，做家务的孩子比不做家务的孩子成绩优秀 27 倍。

精英教育从来都不是只局限在课内学习，家庭生活中的锻炼确实能带给孩子更多教育。看似简单的家务劳动，却能让孩子变得独立、自信和自强。

网络上曾出现过这样一则新闻：

一位在意大利留学的中国女生，因海外疫情爆发而回国，回国期间竟然拉黑了意大利的房东。等房东开门进去收拾时，眼前的一幕让她感到难以接受：天花板往下掉石子，马桶里都是排泄物，吸尘器被异物堵住，水龙头没关，水流到楼下的律师事务所，房顶灯也掉了……房东差点气晕，雇了一个中国留学小哥，花了四天多时间，准备了 300 多个垃圾袋都不够用。

同样是中国留学生，为何会有这么大的差距？一个是制造垃圾的巨婴，一个是收拾残局的成年人，在这两个截然相反的孩子身上，我们看到了家庭教育最关键的真相：家庭是孩子的第一所学校，做家务是孩子人生的第一堂课。让孩子学会独立生活，有一定的自理能力，才是对孩子最有远见的教育。

在魏书生家，儿子从三岁开始，就帮爸爸洗脚。跟儿子出门，包都由儿子背，有一次他们带了三个包，也是儿子一个人包揽，身上背一个、左右手各拎一个。

没有天生懂事的孩子，只有不舍得用孩子的父母。

孩子做家务的能力强，生活能力自然也强，独立生活的能力也强。

孩子最终会离开父母独自生活，自理能力是孩子最基本的生存需要。所以，父母对孩子的爱最终目的应该是"分离"。让孩子做家务，孩子才能更有责任感，才能更独立。

我们爱孩子的目的，是让孩子独立成长，坚强面对未来的风雨，有能力解决遇见的问题，而不是留在我们身边，当一个"巨婴"。

其实，从孩子3岁开始，父母就可以有意识地培养孩子做家务了。

1. 肯定孩子的劳动

在孩子成长的过程中，有时会遇到这样的问题：孩子积极参与到家务劳动中，却把事情搞得一团糟。比如：洗碗时，不小心把碗摔破了；想帮忙扫地，反而弄得满地垃圾……孩子有参与做家务的欲望，值得肯定，但他们自身能力发展不足，所以可能会给父母帮倒忙。因此，当孩子参与到家务劳动中时，家长不能拿成人的标准衡量孩子的劳动成果，应多给孩子正面、全面的评价。比如，给孩子一个拥抱、一个爱抚的动作，也可以说一句称赞的话语："这次做家务比上次坚持的时间长""同样一件家务，这次做得比上次更有条理""这次做家务时，没有像上次一样哭闹"等。

2. 设计劳动菜单，掌握劳动技能

无论是劳动技能训练还是基本的家务劳动，都要鼓励孩子勤动手、多动脑，掌握劳动的技能和方法。比如，怎样整理自己的床铺，叠衣服有什么窍门，如何对玩具进行收纳整理……家长要将基本常识告诉孩子，帮助孩子掌握一定的劳动技能。

家长可以根据自己孩子的实际情况，从下面的推荐菜单中，选择性地设计一份家务劳动菜单，让孩子在假期里学会几种家务劳动的小本领。

（1）收纳整理：整理床铺、整理书桌、整理书包、整理茶几、整理餐桌、整理衣柜、整理玩具收纳盒等。

（2）日常技能：择菜／洗菜、盛饭、洗碗、擦桌子、洗脸／刷牙、穿衣服、系鞋带、剪指甲、擦鞋、洗／晒袜子、叠衣服、清洗盥洗池等。

（3）工具使用：和爸妈一起榨果汁，穿针线与钉纽扣，学会使用吸尘器、洗衣机、空调或电风扇等。

（4）岗位模拟：在亲子游戏中，让孩子扮演环卫工人、超市收银员、保安、建筑工人、厨师、老师、医生、工程师等角色，了解不同人群的工作。

3. 把任务具体化，发好指令

在培养孩子做家务时，家长如何发出指令很重要。例如，在和孩子一起准备午餐时，家长随口说出一个模糊的指令，比如"把青菜洗了"或"把餐桌收拾好"，会让孩子感到异常困惑。此时，家长要把一个任务拆分成多个步骤：（备菜时）择菜、洗菜——（菜做好后）端菜、摆放碗筷——（餐后）帮忙收拾碗筷、处理厨余。清晰而具体的指令，才能帮助孩子进一步了解家务劳动的各个步骤。

信任孩子，不要过多干涉

当孩子专注于某项活动时，父母不进行干涉、放手不管，就是一种有效的表达接纳感的非语言方式，不能通过干涉、打扰、接手、检查和介入等，向孩子表达不接纳感。

随意闯入孩子的房间，介入他们的思想，不尊重孩子的隐私，不把孩子视为独立的个体，往往是孩子不自立的一大原因。

周五，刘女士去幼儿园接女儿，刘老师正好没课，她就和老师聊了会儿天。

刘老师说："我发现，如今的家长实在太累。"

刘女士说："您为什么这么说？"

刘老师说："幼儿园里，孩子们常闹矛盾，有时还会打架。每次出了事，最忙的是家长和老师。打人的孩子的父母，会千叮嘱万叮嘱，不让孩子再伤害他人。被打的孩子的父母也叮嘱，要教会孩子自我保护。我们则向家长保证并解释，一定会加强这方面的教育。"

听了老师的话，刘女士笑了："最后，这类小纠纷都成了大人们的事，对吧？"

刘老师点点头，说："你不知道，出了这种事，孩子倒不觉得什么，家长们却紧张坏了。"

刘女士说："其实主要原因是父母太不信任孩子，觉得这类事，他们不管，孩子就解决不了。"

刘老师说："是啊，只要孩子一打架，家长总会找来。"

刘女士说："这类父母有点累。其实，这种事完全可以放手让孩子自己解决。再说，不是还有老师吗？"

刘老师说："是啊，所以我想开一次家长会，针对这类事件，请父母们放手，信任自己的孩子，让孩子自己来解决小纠纷。"

刘女士说："这个想法不错。家长们都懂道理，只要您提出来，家长们一定会赞同的。毕竟，我们都是为孩子好，对吧？"

听刘女士这样说，刘老师很高兴，说她马上着手准备，早日把这份信任还给孩子们。

孩子间的小"纠纷"非常多，其实都不是大问题，家长完全没必要小题大做。信任孩子，不干涉孩子，孩子才能更好地处理"纠纷"。

信任孩子，放手让孩子自己去解决所遇到的难题，就是在锻炼孩子解决问题的能力，也是在锻炼孩子的独立性和生存能力。

有一次郭妈妈带孩子去参加绘画班的公开课。在他们旁边，坐着一个四五岁的小朋友。

老师让大家填色，但是对那个小孩来说，填色并不容易，总是画到线条外面。尽管小孩画得挺开心，但是一旁的妈妈却急坏了："宝贝，听妈妈的话，用红色好看。""你看，又画到外面去了。这个地方妈妈帮你画。"这位妈妈恨不得亲自上阵，帮孩子画完。

其实，不让孩子犯错，也会让孩子失去成长的机会。孩子在探索的过程中一再被打断，父母无时无刻不在孩子旁边指指点点，孩子永远无法自己掌握学习的能力。

中国青少年研究中心曾经进行过一项"对学习和生活现状与期望"的调查，结果显示，在"孩子最喜欢父母的10种做法"中，排名第一的居然是"信任我"。父母无意识地将自己的不信任投射到孩子身上，只会亲手毁掉信任的那根线，让亲子关系渐行渐远。

在孩子的成长过程中，很多父母都会过度插手和干涉孩子的日常活动，包括学习和生活中的方方面面，把孩子当作木偶一样去操控，逼迫孩子对自己的要求听之任之。这样培养出来的孩子只能有两个结果：一种是没有主见、胆小懦弱、失去自主能力……另一种是超级反叛和抗逆、和家长对着干、一心想挣脱父母的"魔掌"，这些管教方式都是不科学、不合理的。

父母要学会放手，在允许的范围内把自主权交给孩子，让他们自己去安排和操控，锻炼孩子的独立性，和孩子形成一种和谐的亲子关系。

看到父母一直把自己当小孩子，限制她的自由，有个14岁的初三女孩感到特别烦恼。她觉得，父母就像看管劳改犯一样看管着她，有时比看管劳改犯还要紧。她做的每一件事都是父母为她安排好的，她觉得自己就像一个玩具，毫无自由可言，连每天吃什么、穿什么、看多长时间书、做多长时间功课、练多长时间古筝、看多长时间电视、几点上床、几点起床，甚至连她日记中写的是什么内容，父母都要干预……尤其让她感到不舒服的是，学校就在家对面，父母还要每天接送她，让她在同学面前很没有面子，觉得自己就是一个名副其实的囚徒。

许多时候，家长对孩子过度地呵护与保护、过高地期望及管教，会扼杀孩子本来的天性，令孩子感到窒息，甚至产生严重的后果。

要想让孩子成才，家长绝不能越俎代庖，应该顺其自然，让孩子走自己的路，水到自然渠成。冷静地想想，你是不是也犯过同样的错误？下面的几种情况，你有多少？

（1）对孩子做的所有事情都不放心，只有自己帮他料理好，才安心。

（2）认为只要孩子"听话"就好，乖宝宝都是"好孩子"。

（3）严格管理孩子的饮食起居、学习计划以及社会交往等活动。

（4）经常干涉孩子的事情，自作主张地为孩子作主。

随着社会发展速度的加快和社会竞争的加剧，父母"望子成龙""望女成凤"的愿望比任何时候都更为迫切，与之相对应的是父母对孩子将来的规划越来越多，甚至连孩子的日常生活都要严加管理。时时刻刻地看管、监视和提防孩子，让父母耗尽了时间、心机和精力。"囚禁"孩子的同时，父母也失去了自由。

第十二章
思考：善于思考远比学识更重要

让孩子学会问问题，大胆地提问

如果想提高孩子的思考力，就要鼓励孩子学会大胆提问。

一位妈妈曾发出了这样的疑问：

我女儿马上就要6岁了，私下里与家人和小朋友的交流还不错，可到课堂上就不行了，不敢举手回答问题，即使老师讲的内容她都会，也不敢举手。如何才能让孩子胆子大点呢？

每个孩子性格都不一样。如果孩子内向害羞，只要能在生活中正常地与人交流和沟通，就无大碍。

在引导害羞的孩子时，父母不要总想着完全改变他的个性。其实，只要克服自己的焦虑，欣赏和接纳自己的孩子，孩子就能变得更自信。

　　小琪正在上小学一年级。两周之前，妈妈去开家长会，班主任李老师告诉她说："小琪是个很乖巧的孩子，就是胆子有点儿小，上课从来不敢回答老师的问题，更不敢开口问老师问题。这样发展下去，对孩子的学习很不利。我们怎样配合，才能帮孩子改掉不敢开口提问的毛病……"

　　听了老师的话，小琪妈感到非常吃惊：小时候的小琪可不是这样子，不管见着什么，她都喜欢问一句"为什么"，很多时候还要刨根问底才罢休。问题到底出在哪里呢？会不会出在自己的身上？

　　小琪妈进行了反思：前几年自己能耐心地回答孩子的提问，随着工作压力的增大，再加上还有一大堆的家务要做，自己也变得越来越没有耐心了，以至于有好几次小琪围着她问这问那时，她都随便敷衍孩子；如果孩子问的次数多了，她还会忍不住训斥几句。好像就是从那段时间以后，小琪就越来越不爱提问题了。

　　回想起这段经历，小琪妈非常后悔，她无论如何也想不到，自己对孩子一时的敷衍应付，竟对孩子造成了这样的伤害，让原本活泼可爱、对世界充满好奇、爱提问题的孩子，变得不敢开口提问。

　　好奇是孩子的天性，对孩子来说，世上的一切都是新奇而有趣的，吸引着他们去了解和探索。所以，小时候的孩子总有很多的问题要问父母。但不是每个父母都有足够的耐心去回答孩子的问题，尤其是在比较忙时，有的父母就会有些不耐烦，甚至粗暴地打断孩子。

　　孩子乐于提问，恰好说明他们喜欢学习、爱动脑筋思考，有着旺盛的求知欲。父母训斥他们，会打击他们的学习积极性，甚至会扼杀他们的好奇心。因此，家长要鼓励孩子多提问题。

孩子不敢举手发言，仅仅是一种外在行为的表现。很多孩子都会如此，但原因也许不同：

孩子的先天气质类型不同，有的孩子性格开朗外向，有的孩子不善于或不愿意表现自己。

孩子生活的环境比较封闭，生活圈子狭小，很少接触到同龄伙伴，在人际交往方面缺少锻炼的机会。

家长对孩子过于苛求，孩子身上出现了小问题或小毛病，只会批评和指责，导致孩子自信心不足，变得胆小、懦弱，不敢舒展自己的个性。

孩子的自尊心太强，总担心自己回答不好会被同学笑话，更担心在老师心中留下不好的印象。

孩子认为没有必要回答老师提出的问题，直接等着老师公布标准答案更好，缺乏自主思考的习惯。

……

小学低年级阶段，孩子的求知欲和探索欲都特别强烈，父母一定要保护好孩子的求知欲和探索欲，对孩子提出的任何问题，都不要敷衍应付，更不能因自身情绪烦躁而斥责孩子。相反，我们要积极应对，再配合一些对孩子的鼓励，增强孩子的自信，比如，可以对孩子说："你提的问题很有思考价值，我们共同研究一下……""你的思维很独特，能说说你的想法吗……"类似这样的鼓励性言语，能促使孩子大胆开口提问。

1. 尊重孩子的提问，保护其好奇心

要想培养孩子的提问能力，首先就要保护孩子的好奇心。

举个例子，三岁多的孩子就是一个活的"十万个为什么"，一般都喜欢提问，但是很少有父母会耐心地给孩子做解释，因为他们认为说了孩子也理解不了，等于白说，所以会随便打发孩子。可是，孩子还不具备分辩能力，他们会把父母的每一句话都当真。一旦发现父母在敷衍或欺骗自己，孩子就会产生巨大的心理落差，就会对孩子的求知欲产生负面影响。所以，当孩子提出幼稚的、天马行空的问题时，家长应该给予足够的关注和尊重，认真回答他们的问题，并鼓励孩子："嗯，这个问题不错，宝宝真有想法。"如果家长不知道答案，可以蹲下来跟孩子说："这个问题有些难，我也不知道答案，让我们一起寻找答案吧。"

和孩子一起探索答案，不仅可以满足孩子的求知欲，还能教会孩子获取知识的方法。宽松的家庭环境，可以让孩子养成敢于提问的习惯，到了学校，自然就敢主动提问了。

2. 启发孩子思考，激发其探索欲

美国著名科普作家卡尔·萨根认为，家长无法帮助孩子解决所有难题，但可以鼓励孩子说："我不知道答案，可能也没有人知道答案。也许等你长大后，会成为第一个发现答案的人。"激发孩子探索欲最有效的方法，就是让孩子尽可能地去动手尝试，在手脑并用的过程中，孩子就能发现更多的问题，也会逐渐深入。

孩子模仿能力强、喜欢动手操作，可以让孩子多玩一些有益的玩具，充分调动各种感官，让他们自己观察，亲自动手，不断深入探究，体验到自我成就感和乐趣。

3. 多陪伴孩子，培养其观察力

苏霍姆林斯基曾说："观察对于儿童之必不可少，正如阳光、空气、水分对于植物之必不可少一样。"这里，观察是智慧的最重要的能源。我们要鼓励孩子用心观察。在观察中，孩子不仅能领会观察的一般方法，还能获得提问题的能力，并逐步发现和提出更多的问题。

在观察的过程中，家长可以鼓励孩子从不同的视角看待世界，让孩子从他们的视角去理解世界，提出各种问题。有的问题即使现在没有答案，未来也可以继续探索和发现。

打破固定的思维模式，用别样的思路思考问题

有这样一则笑话：

在一所国际学校里，老师给各国的学生出了一道题："世界上其他国家有粮食紧缺的问题吗？"

学生都说："不知道。"

非洲学生不知道什么叫"粮食"；

欧洲学生不知道什么叫"紧缺"；

美国学生不知道什么叫"其他国家"；

中国学生不知道什么叫"思考"。

这则"笑话"，确实令人深省。

缺乏"独立思考"的孩子，依赖性强，喜欢人云亦云，没有自己的观点。

主持人问一个七八岁的女孩："你长大以后想做什么？"

女孩自信地回答："总统。"观众一片哗然。

主持人又问："那你说说看，为什么美国至今没有女总统？"

女孩脱口而出："因为男人都不给我投票。"全场一片笑声。

主持人："你能肯定是因为男人不投你的票吗？"

女孩不屑地说："当然能肯定。"

主持人笑了笑，对全场观众说："请投她票的男人举手。"现场有不少男人举手。

主持人很得意，说："你看，很多男人都给你投票了。"

女孩不为所动，淡淡地说："还不到三分之一。"

主持人接着对观众说："请在场的所有男人都把手举起来。"意思就是，不举手的就不是男人，哪个男人"敢"不举手？

这时候，女孩笑着说道："他们不诚实，他们心里并不愿意投我的票。"

许多人目瞪口呆，然后爆发出阵阵掌声……

在没有任何人提示和帮助的情况下，女孩凭借自己的思考和判断，从容应对了主持人的提问，作答流畅。这是很多孩子做不到的。

现实中，自信心都是从孩子独立思考的——步步践行中得到的。没有独立思考能力，事事被包办，孩子就不会成长为自信的人。成大事者，往往都养成了勤于思考的习惯，他们善于发现问题、解决问题，不会让问题成为人生的难题。

独立思考，决定着孩子未来面对问题时的应对能力，也是他们的智商高低的体现。

培养孩子的独立思考能力，是每一位父母必须牢牢把握的家教关键。如今，越来越多的家长意识到了独立思考对孩子的重要性，那么如何让孩子学会独立思考呢？

1. 放手让孩子去做

生活中到处都是锻炼孩子独立思考能力的情境。比如，带孩子一起去超市采购食物，孩子作出选择，家长要引导他们说出选择的理由，不论孩子选哪种食材，都要有一个理由。同样，还可以适当地询问孩子"为什么不选择别的食物"。比如，中午已经吃过了，或者同样的食物爸爸做的没有妈妈做的好吃等。这些都是锻炼孩子独立思考能力的好机会。不过，如果孩子有选择困难症，家长就要对他们进行引导和帮助，分析利弊，让孩子作决定。

2. 鼓励孩子说出自己的观点

世上孩子千千万，性格大相迥异，但无论是何种性格，父母都要多多鼓励，让他们勇敢地说出自己的观点。无论对错与否，都是孩子独立思考后得出的结论。记住：对孩子要适当引导，多加鼓励。

3. 给孩子创造思考的情境

家长可以带孩子参观社会上各行各业的情况，比如：参观博物馆、科技馆、图书馆、飞机场、工厂、机关单位等，用自己的眼睛、耳朵和双手去获得信息，刺激他们的大脑，使他们的大脑活跃起来。为孩子创造一个思考的情境，孩子就能在思考的情境中学会思考。

在与孩子的相处和交谈中，父母要以商量的口气进行讨论式协商，给孩子留出思考的余地，给孩子提供自己思考的机会。父母可以根据交谈内容经常发问，如"二者有什么关系""你觉得怎么做会更好""你的想法有什么根据"等，引导孩子思考。

日常生活中要鼓励孩子发散性思考问题

发散思维是一个抽象概念。可能有些人并不明白，即使明白，也无法表达出来。

发散思维是指大脑在思维时呈现的一种扩散状态的思维模式，表现为思维视野广阔，呈现出多维发散状。其中，"一题多解""一事多写""一物多用"等方式，就是锻炼发散思维能力。通过多种角度、不同位置进行思考，就能从不同的方向进行分析。

1987年，在关于开发创造力的研讨会上，风度翩翩的村上幸雄先生捧着一把曲别针，问："曲别针，可以做什么用？"学者和专家，议论纷纷。人们踊跃发言，大约说了十几分钟。

有人问村上幸雄先生："您能说出多少种？"村上幸雄一笑，伸出3个指头。

"30种？"

村上幸雄摇头。

"300种？"

村上幸雄仍然摇头，说："3000 种。"

人们都感到异常惊讶，佩服村上幸雄聪慧敏捷的思维。

这时中国著名的许国泰先生向台上递了一张纸条，纸条上写着："村上幸雄先生，对于曲别针的用途我可以说出三万种。"大家都不相信，许先生就开始解释。

他把曲别针分解为铁质、重量、长度、截面、弹性、韧性、硬度、银白色等十个要素，用一条直线连起来形成信息的横轴，然后把曲别针的各种要素用直线连成信息的竖轴；再把两条轴相交垂直延伸，形成一个信息反应场，将两条轴上的信息依次"相乘"，达到信息交合……曲别针的用途就无穷无尽了。

这就是发散思维的魅力。

从小培养孩子的发散思维能力，孩子思维就能更活跃，遇到问题时他们就会积极思考，多角度寻找解决办法。用一种思维方式来思考问题，时间长了，就会陷入一种思维定势。

使用发散思维，孩子们就能转换思维方式，解决以常规思维无法思考出的问题。从小培养孩子的发散性思维，让孩子拥有创造力和想象力，孩子就能终身受益。

1. 让孩子充分发挥想象力

妈妈买回一条鱼，问女儿："你想怎么吃？"

"煎着吃。"女儿不假思索地回答。

妈妈又问："还能怎么吃？"

女儿："油炸。"

妈妈："除了这两种，还可以怎么吃？"

女儿又想了想："烧鱼汤。"

妈妈穷追不舍："你还能想出几种吃法吗？"

女儿盯着天花板，仔细想了想，终于又想出了几种："可以蒸、醋熘。"

妈妈让女儿继续思考，女儿想了半天才回答："还可以腌成咸鱼、晒成鱼干。"

这段母女俩的对话，其实就是在对孩子进行发散性思维训练。

奇思妙想是产生创造力的不竭源泉。父母不要给孩子一个"唯一的答案""绝对的答案"，要从生活中捕捉能激发孩子创造欲望的机会，让他们充分发挥想象力，有机会"异想天开"，心驰神往。

2. 打破常规，弱化思维定势

老师在黑板上画了一个圆圈，问学生：这是什么？

多数学生一致回答："这是一个圆。"

一个学生则给出了多种答案："太阳""鸡蛋""皮球""镜子"……五花八门。

思维定势，确实能让孩子驾轻就熟，得心应手，并使问题得到圆满解决。但在需要开拓创新时，思维定势就会变成"思维枷锁"，不仅会阻碍新思维、新方法的构建，还会阻碍新知识的吸收。因此，首先要鼓励孩子的"创"。父母可以根据孩子年龄和理解的知识水平，设计有意思的脑筋急转弯，让孩子们开动脑筋，找到更有意思的答案。

3. 鼓励孩子大胆质疑

孟子说："尽信书不如无书。"书本上的东西，不一定全对。

真理有其绝对性，又有其相对性，任何一篇文章都有其可推敲之处，为了提升孩子的创新能力，就要鼓励孩子大胆地怀疑书本，引导孩子发表独特见解。因为质疑是培养创新思维的突破口。

一天，刘雨在预习语文时发现书中有一个错字，但她不敢肯定。她查了几遍字典，结果证明自己是正确的，于是拿着书本问正在看电视的妈妈："妈妈，您看，语文书上居然有错别字。"

妈妈觉得不可能："怎么可能，教科书还有错误？"

女儿实事求是地说："真的，妈妈，您看看嘛。"

妈妈有些不耐烦："我还要看电视呢，你明天去问老师吧，估计老师也会说是你错了。"

刘雨一听，有点儿生气："妈妈，您知道'尽信书不如无书'的道理吧，但您现在怎么这样呢？"

看着女儿情绪有点儿不对，妈妈拿过书一看，那个字果然是错的。

孩子的质疑力是其学习和创造的动力之源，家长绝不能有意无意地扼杀孩子的质疑力。在学习过程中，如果孩子对教材中难以理解的内容有质疑，或者对某种观点有不同的看法，至少说明他们勤于思考，敢于提出问题，家长应该对孩子予以鼓励和肯定，提高他们开动大脑的意识。

第十三章
想象：从小具备想象力，才能受益终生

通过故事激发孩子的想象力

为了激发孩子的想象力，在现实生活中，可以让孩子根据自己的所见所闻进行思考，编成一个故事。比如，看到自己喜欢的芭比娃娃，可以想象芭比娃娃的一天是如何度过的；可以根据自己喜欢的动画片，续编一个自己喜欢的场景。

对孩子想象力最好的保护，就是不限制。我们只要给孩子提供支持、鼓励和引导，充分利用生活中的各种机会，让孩子自由发挥自己的想象就足够了。

比如：

鳄蜥蜴能飞吗？

面对这个问题，成年人可能会给出这样的答案：

蜥蜴没有翅膀，当然不能飞。

而脑子里装满了奇思妙想的孩子，很可能会给出五花八门的回答。

原因何在？因为成年人喜欢根据自己的知识储备和实践经验来思考问题，这样的思考往往更省力，更容易接近"标准答案"。而孩子一般都充满想象力，丰富多彩的各种童话故事对他们永远都有莫大的吸引力。故事中的角色一般都具有独特的性格和魅力，能迅速走进孩子的思想，激发他们的想象力。

故事中的语言虽然简单，内容却十分灵动，对于孩子们来说，那些文字都具有生命力，当他们听着这些故事时，脑海里就会描绘出各种美妙的场景，如同自己真正身处其中。

孩子们总是分不清脑海内的幻想和现实世界，更喜欢同时生活在这两个世界中，他们会将眼睛看到、耳朵听到、鼻子嗅到的现实造物和脑海内的故事幻想联系起来，构建属于自己的内心世界。

心理学研究发现，人脑智力一共有四个维度，而不同维度的能力又是层层递进的。对于孩子来说，初期最重要的是要发展他们的记忆力和想象力，以便为后期理解和推理能力的发展做铺垫。经常给孩子讲故事，有助于帮助孩子丰富想象力和创造力。

孩子听到《小美人鱼》的故事时，会在脑海里想象蓝色的大海、白色的泡沫、雄伟的帆船，以及美丽的公主究竟是什么样子，这些形象通常都建立在孩子心灵深处的神奇幻想上。他们想象得越多、越仔细，越能刺激大脑细胞生长发育、增多并连接在一起，越能理解故事。

想象力是孩子内在的心智能力，如同行走、说话等能力一样。即使我们不教孩子走路，他们也不会失去走路的能力；但如果想提高孩子的想象力，就需要进行想象力锻炼，无论是身体的还是心智的。

想象力的培养，不仅需要时间，还需要安静，需要新鲜经验的不断喂养，这些想象力都可以在故事中找到。如何才能更好地发挥故事的作用？

1. 复述

可以将故事多讲几遍，然后进行复述，让孩子分析故事情节和人物，引导孩子学习故事中的对话，经过不断启发，让孩子自己将这个故事内容复述出来。

2. 生动

为了让形式更生动，可以让父母先讲一个故事，孩子后讲一个，然后进行比较，看看谁讲得生动。记住：只要孩子讲得不错，就要进行鼓励，以便提高孩子的自信心和表达能力。

3. 引导

父母先讲一段故事，让孩子根据故事的发展接着讲下去。父母可以假设几种结局，引导孩子打开思路，发展想象的空间。

4. 评议

给孩子讲完一个故事后，可以让孩子根据故事内容，对人物的行动、品质等作出评议，培养孩子的是非判断能力，达到教育孩子的目的。

5. 设问

在讲故事过程中，如果遇到了问题，可以设置一个特定的条件，让孩子想办法解决。比如，上学时下雨了，没带雨伞，怎么办？皮球掉进沟里，如何捞起来？父母不在家，突然起火，该如何办……如此，才能调动孩子的想象力，锻炼他们思维的扩展性。

6. 表演

孩子的表现欲都很强，总希望自己的行为、话语等受到父母的赞扬。父母要引导孩子通过对话、动作和表情等来再现故事，鼓励孩子表演，使孩子在游戏中学习。

开阔孩子的视野，丰富孩子的知识

随着视野的扩大，孩子脑海中的事物形象会变得越来越多，在虚构新的事物时，才能有更多的素材与描述性的词语。所以，平时要多带孩子到大自然中去，认识植物、小动物等。即使孩子年龄较小，还不能记住很多具体的东西，但是不同的风景、全新的画面、未曾感受过的体验，也能培养孩子的想象力。

在拓宽孩子视野、丰富孩子课余生活这件事上，国外父母的做法值得我们探讨和学习：

德国

每年暑假临近，德国一些城市都会举办这样的风俗活动——爸妈共同制定一本青少年"暑假活动册"，设置百项环节，包括培养艺术鉴赏能力、练习烘焙、参观博物馆、加入足球俱乐部、参与环保项目及各类夏令营等，鼓励孩子们参与。这些活动既能锻炼孩子的交际、团结协作、沟通、动手等能力，又能开拓他们的眼界，让他们更加热爱生活。

法国

每年暑假，法国的父母都会带孩子上山下海，亲近大自然，了解各地文化。此外，法国父母还会引导孩子"看万卷书"，他们会自发地举办儿童读书会，让孩子相互推荐好的书籍，讲解推荐的理由，探讨其中的亮点，鼓励孩子们读书。孩子们不仅能掌握丰富的知识，还能感受不同的文化、感知不同的人生。

日本

日本经常发生地震，在孩子很小时家长就会带他们听讲座，让他们了解地震的相关知识、掌握逃生技能。在生活中，家长还会有意识地让孩子做实验，培养孩子的动手能力和逻辑思维能力。此外，为了挖掘孩子的爱好，塑造他们的性格，还会鼓励孩子参加各种兴趣小组。

许多家长常常羡慕"别人家的孩子"拥有更宽的眼界、更好的素养、更强的能力、更灵活的思维、更豁达的性格、更明确的目标……但是，他们却鲜少反思自己在教育和引导中存在的问题，并及时作出调整。

孩子看到树上有一只小虫子，觉得无比兴奋；看到流水中的小鱼，孩子很感兴趣。这时，父母就要抓住机会，帮助他们发挥想象力。比如，见到小虫后，可以问孩子："你认为，这只虫子有什么特点？它可能在做什么？是在等妈妈回家，还是准备上学去？"这样不仅能培养孩子的想象能力，还能让孩子具有爱护自然、尊重自然的意识。

开拓视野主要包括以下内容：

不同的风土人情和文化。不同的城市，不同的文化，不同的艺术，都会带给孩子与众不同的体验。学习是对生活的努力和奋斗，而艺术会让我们热爱生活。多让孩子体会不同的文化艺术，孩子就能具有良好的气质，给了孩子热爱生活的理由。

对大自然的了解。许多对于大人而言司空见惯、习以为常的东西，在孩子看来，都非常新鲜。比如，小区里的花花草草，草丛边的蚂蚁，大树下的小花，甚至落叶边的那根小树棍，都会令孩子感到无比兴奋。让孩子充分感受大自然的奇妙，是开拓视野必不可少的内容。

各类知识的融会贯通。现代学科的分支细致又繁杂，其实相互间都有关联。让孩子广泛涉猎学科知识，今后就能系统地学习校内知识，提高融会贯通的能力。

为了正确培养孩子，父母除了在物质上要满足孩子的需求外，还可以利用休假时间带孩子去下面几个地方看看。

1.博物馆

随着社会不断的发展，不管哪个城市，都有当地最有名的博物馆。在多数博物馆里，有很多文物和相关历史。为了给孩子积累更多知识，可以带孩子去博物馆看看，让孩子从小养成很好的习惯。

2.图书馆

现实中，很多人都去过图书馆。在这里，能够看见很多书籍，而且严格要求肃静，这对父母来说，确实是一个教育孩子的好地方。所以，父母完全可以在周末或节假日带孩子去图书馆看书。如此，不仅能让提高孩子的素质，还能丰富孩子的知识。

3. 知名大学

大多数父母都希望孩子好好上学，考上大学。为了促进孩子大脑发育，可以带孩子去知名大学看看。这些名校都有标志性建筑物，带孩子去参观，还能给孩子营造一种很好的氛围，让孩子树立更高的目标。

有意识地去启发、训练孩子的想象力

父母都希望自己的孩子能够成才，为了不让孩子输在起跑线上，父母想尽了办法。

为了让孩子能够成才，大多数父母都会在孩子很小时进行早教。而早教的大部分内容就是教孩子数数、背诗，但通常会忽略非常重要的一点，就是对孩子想象力的培养。

研究表明，如果孩子拥有良好的想象力，能够运用想象力解决问题，在学业、社交、情绪控制等方面往往会更好。孩子具有想象力，自然就会从不同的角度看待问题，遇到问题时也会想出多种解决方法。父母不引导孩子的想象力增长，一味地传达自己过多的"成人思维"，会将孩子的想象力扼杀在摇篮中，孩子会失去很多"创造"的机会。

案例 1：

一位母亲认为，关心孩子就是帮孩子做所有的事情，帮孩子做好一切的准备，尽量让孩子不去动手，结果，孩子不仅没有在母亲的呵护下茁壮成长，反而变得愚钝而懒散。

案例 2：

不管孩子做什么事情，其母亲都会采取恶劣的态度，比如，看到孩子把遥控器拆掉或把不重要的废纸丢到水盆，就会对孩子进行批评。孩子被批评了几次后，就再也不敢做了，同时也对这些事情失去了兴趣。长大之后，成为一个名副其实的"书呆子"。

其实，孩子需要的想象力都体现在微不足道的小事中，而这些"小事"却成了孩子的障碍。那么，家长们到底从哪几个方面扼杀了孩子的想象力呢？

总是替孩子做事。想象力并不是"想入非非"，它源于生活中的创造。家长担心孩子做事"危险"，采取代劳的方式，会让孩子失去许多动手动脑的机会。孩子在做事的过程中，会认真观察、积极思考、反复实践，这些经验都是想象力发展的源泉。

喜欢阻止孩子的探索。孩子的好奇心非常宝贵，可是由于种种原因，父母可能无法接受孩子在好奇心的驱使下作出的种种奇范行为，比如：把积木搭在了不合适的地方，把家里的东西拆得七七八八。家长采取"教育"的方式让孩子不再"犯"，久而久之，孩子也就失去了新奇的想法和对事物的好奇。

总是纠正孩子的"特殊"想法。孩子在小的时候，想象可能会具有夸大性，因为他们还无法分清想象的事物与现实的事物。面对这些离奇的想法，有些父母采取措施来纠正。其实，父母跟孩子一起构建"想象中的世界"，对孩子更有利，更能促进孩子的想象力提升。

总是制定标准答案。孩子会说话之后，总爱问"为什么"，这段时间是家长比较烦的时候，因为总要一遍遍地解释。有些父母为了正确回答孩子的问题，恨不得知道所有的知识，但孩子想要并不是你的"标准答案"，他们只是好奇。家长不妨问问孩子为什么会这么想，然后跟孩子一起寻找问题的解决办法。

想象力是大脑发育的重要内容之一，想象力丰富的孩子往往思维敏捷且反应快，父母不能扼杀孩子的想象力，完全可以从孩子 3 岁开始就有意识地锻炼他们的想象力。

1. 给孩子预留自由时间

为了让孩子有序生活，很多父母都将孩子安排得妥妥当当。看似有规律、有作息的时间安排，却会束缚孩子的想象力，限制孩子自由发挥的时间和空间。家长完全可以每天拿出 1 小时的时间留给孩子，并告知孩子可以随便安排。无论孩子是玩游戏还是学习，家长都只管配合就好，不要做太多的干涉。

2. 给孩子探索新鲜事物的自由

大千世界无所不有，面对色彩斑斓的世界，孩子们好奇心旺盛，会充满好奇。看到没有见过的事物，孩子们一般都想去试探一下，在保证安全的前提下，我们要给孩子充分的自由，鼓励他们探索，即使脏一点、乱一点又有何妨？

跟脏乱相比，孩子的体验更重要。孩子没有踩过泥坑，永远都无法知道在泥坑里的感觉。所以，看到孩子用小手扒拉地上的干土时，用手蘸颜料绘画时，把玩具零件一个一个拆开时，不要惊讶，更不用阻止。

同时，家长还要给孩子创造更多的探索新事物的机会。比如，每周做一道新菜，并告诉孩子做法；每月去一个新的景点游玩，让孩子增长见识；即使是在放学的路上，也可以不走"寻常路"，稍微绕远一点，感受不同的风景。不断地给孩子创造机会，孩子的体验就会越来越多，想象力自然就会变得越来越丰富。

3. 多玩开放式玩具，少玩声光电玩具

玩具越简单，越益智。简单的积木、拼图等，都可以开发孩子的想象力。这些玩具可以自由组合，给孩子提供巨大的发挥空间，可以创造各种玩法。而声光电玩具却是别人设计好的，只有几种玩法，会束缚孩子的想象力发展。

当然，玩具并非只有购买这一种途径，生活中的很多东西都能拿来当作玩具。比如，去户外摘几片叶子，拼成各种图形，也是一种玩具，甚至是一种天然的玩具。

4. 限制使用手机、电脑等电子产品

孩子看电视时，接收信息是被动的。一旦养成了被动接收信息的习惯，孩子们就很难主动探索新知识，时间长了，就会影响孩子想象力的培养。笔者建议，18个月以下的孩子，尽量不要看电视；2岁后，可以适当观看符合孩子年龄和水平的、有教育意义的视频节目，但每天不要超过1小时，要让孩子将更多时间花在亲自体验活动上，比如，亲子阅读和做游戏。

5. 鼓励孩子多参加艺术活动

艺术没有对错，只要孩子处于艺术活动之中，就能充分发挥自己的创意，创作出属于自己的独一无二的作品，比如：

玩乐器，可以随心创作自己喜欢的音乐；

绘画，无论孩子是使用笔、棉棒、滚筒，还是用手或一切顺手的事物，都可以绘画。只要孩子参与其中，就能达到开发想象力的目的。

此外，还可以让孩子玩黏土，把黏土捏成不同的形状，随意搭配颜色；不要将包装盒扔掉，可以让孩子将其做成纸房子、小车等立体建筑；可以到户外搜集一些树叶、小花、小果子等，让孩子做拼贴画。

第十四章
适应：适应力强的孩子未来更绚烂

让孩子多接触社会，多参加活动

如果孩子不懂得如何与世界相处，所有的教育就都是徒劳的。在孩子年幼时，父母可以为他们提供舒适的生活，给予极致的呵护，但不可能陪他们一辈子。总有一天，他们要独自面对这个世界，自己解决难题，自己面对风雨，自己杀出血路。所以，如果你真爱他，就要让他们在离开你之前，具有跟世界相处的能力，这也是父母对孩子最大的帮助和保护。

有这样一道题目：

你会把真实世界的规则告诉孩子吗？（单选）

A. 会。社会就是这样子，应尽早让孩子认识世界的真实样子。

B. 不会。父母应该尽可能地保护孩子内心的美好和纯真。

C. 孩子太小，现在告诉他还太早，等他长大一些，再告诉他。

你会作出怎样的选择?

从出生以后，孩子就开始了自己的学习过程，这种学习过程还会持续一生。

对于心理快速发展的幼儿来说，学习可以分为两大类：一类是智能方面的学习，另一类就是社会方面的学习。智能学习主要可以解决人与自然、人与物理世界打交道的问题；社会学习则主要解决与周围人打交道的问题，而后者又是培养孩子适应力的重要方面。适应能力强的孩子，即使进入新学校、搬到新城市、出国读书，面对陌生人、陌生事及紧急情况，也能很快适应新环境。

有个女孩毕业一年，失业在家，无所事事。

其实，女孩以前根本不是这样的。学生时代的她，成绩非常优秀，上最好的幼儿园、最好的小学，初高中时期也是班里的尖子生。由于成绩突出，学校直接保送她上名牌大学。

大学期间女孩拿过不少奖学金，还经常在班会上发表演讲。可是不知道为什么，工作后就完全变了。

母亲忍不住打电话给女儿的前领导询问原因，前领导告诉她：你女儿工作态度懒散，做事不主动，给她安排的本职工作总是拖拖拉拉，还接受不了批评，喜欢发脾气。

听了前领导的话，母亲感到很吃惊："我女儿那么优秀，一直都是我的骄傲，我甚至觉得自己是挺成功的母亲，怎么一下子就变成这样了？"

按照一般的逻辑，事情肯定不是一下子变糟糕的。在女孩身上，肯定存在一些糟糕的特质，比如，不善与人交往、不懂得尊重他人、心理脆弱、责任心差……只不过，在大学毕业前，这些统统被成绩掩盖了。

适应力是一种可以满足个人生活和社会需要的日常生活能力，3—6岁是形成这种能力的关键时期，适应能力甚至是孩子后期智力发展的基础。

适应力强的孩子，性格一般都比较外向、积极和坚强，能够较好地适应生活或人际环境的变化，能够更快地学习到生活经验和知识，接受不同的学习方式。适应力差的孩子，到了新学校，会感到紧张和抗拒。他们只会紧紧跟在父母身边，或者坐在教室的角落里，不愿意与周围人交流。少了父母的陪伴，他们会变得非常情绪化，爱哭泣就是最常见的一种行为。

为了提高孩子的适应力，就要让他们多接触社会，多参加活动。要多带孩子外出走走，不要让他们整天闷在家里；要多带孩子参加一些户外活动，比如，郊外踏青、放风筝、捉迷藏、挖野菜、野炊、生存训练等。

孩子对世界的了解越深入，角度越多，就越能适应这个世界。孩子总有一天要离开我们，走上社会，用自己的头脑和双手创造自己的人生。

为人父母的终极使命，就是培养出能适应社会的孩子。因此，要从很小时就开始培养，为孩子提供与外界接触的机会，鼓励孩子参加社会活动。

孩子的交友能力能帮他们更快地融入新环境

孩子进入校园之后，他的生活中不再全部是父母的身影，会接触朋友、老师、同学等不同的角色。在孩子的生命中，这些人或许会成为匆匆过客，但也会在孩子的生命里留下属于他们自己的痕迹。寻求到志同道合的知己好友，对孩子来说，也是一件特别幸福的事情。

李敏今年上高一，自从上高中后就不喜欢说话了，平时和他说话，也是爱搭不理，从来都不跟父母说学校发生的事情，整天都闷在屋子里，周末和假期也不出去玩，很少有同学给他打电话。连他自己也觉得很孤独、寂寞，在学校时，即使跟一大堆同学在一起，也很难加入他们的话题。其实，他很渴望友谊，但不知道怎样才能交到好朋友。父母工作很忙，偶尔在家，也会因为生活琐事而吵架。怎样做，才能为他提供帮助呢？

李敏的问题，其实就是因家庭环境导致的人际交往障碍。父母各忙各的，沟通少，吵架多，家庭生活时时处处充满不和谐的因素。李敏看在眼里，恨在心中，但是不敢表达。这种状况长期积累，随着李敏的自我意识增强，内心的反抗情绪就会越来越强，一旦冲突激化，就会表现为情绪变化大、脾气暴躁。

人是一种群居生物，离不开正常的交际。拥有朋友，可以让孩子的生活不再孤单；在朋友的陪伴下，孩子的性格也会变得外向、乐观。健全的孩子不仅需要父母的爱和陪伴，也需要朋友的倾听和交流。

让孩子和小朋友玩耍，不仅可以锻炼他们的适应能力，还可以培养孩子的交往能力。在以后的生活中，面对形形色色的人，孩子就不会感到紧张了。孩子之间如果发生矛盾或打打闹闹，让他们自己去处理，这样更能磨练他们的能力。

为了培养孩子的社交能力，家长可以这样做：

1. 鼓励孩子主动帮助他人

帮助别人，是一个良好的品质，能够让孩子赢得他人的好感。但是，现在很多孩子都失去了这种品质，要想让孩子体会帮助别人的乐趣，家长就要在生活中以身作则，多当着孩子的面去帮助别人。如此，等孩子进入新环境后，才会愿意帮助他人，收获好朋友，别人也会感激孩子的帮助，觉得孩子是一个热心肠。

2. 引导孩子学会说话

说话也是一种能力，会说话的人，一般都知道在什么场合说什么话。在该表现自己的场合，孩子不敢说话；在不合适的场合，却喜欢说话，这都不会给他人留下好印象。丰富的语言表达能力是孩子必备的能力，家长要让孩子从小学会如何说话，同时要让孩子学会闭嘴。因为，多听少说是一种智慧。

3. 引导孩子学会分享

分享是友谊中的润滑剂，懂得分享的孩子，多半都是快乐的、乐观的，也能为孩子吸引更多的好伙伴。如果孩子特别自私，不想和他人分享，喜欢斤斤计较，就要鼓励他们分享，让孩子在分享中体会到快乐，继而成为"社交达人"。

能自己解决问题的孩子适应力更强

随着孩子逐渐长大，遇到的问题会变得更加复杂，孩子也会越来越独立，需要自己去面对复杂的问题。

晚上，儿子对郭女士说："妈妈，你帮我和陆老师解释一下。下午的写作课，我没写完，陆老师让我留堂补写作文，我没有留下来就走了。"

郭女士听完心里一愣，老师要求留堂，儿子却没留，老师一定很生气。她沉住气，疑惑地问："你当时为什么没有留下来？"

儿子："我要去上创客班。你帮我和老师解释一下。"

郭女士犹豫了一会，想起上次的经历——儿子让她用微信向老师解释一件事情。因为很多细节儿子没有交代清楚，结果老师提出了很多质疑，小事变成了大事。想到自己和老师关系不错，老师也不会故意习难学生，决定利用这次机会锻炼儿子自己解决问题。

郭女士："妈妈帮你拨通老师的电话，你自己和老师解释，这样比较有诚意。"

儿子："好吧。"

想到儿子不擅长表达，沟通找不到重点，郭女士说："跟老师沟通，要记住三个要点：第一先道歉；第二解释原因；第三提出补救方法。"儿子接受了妈妈的建议。

郭女士拨通了老师的电话，然后儿子就跟老师有了下面的对话：

儿子："陆老师好。今天下课时我没有留下来写作文，对不起。因为我要去上创客班。"

老师："我不是跟你说过，只要写张纸条让我签名，给创客班的老师就可以了吗？"

儿子："因为那时候上课铃响了，我只能去创客班。"

老师："我早就告诉你写好纸条让我签名，你为什么不提前写？"

儿子："那我现在怎么补救？我已经写好作文了，我现在微信发给你，行吗？"

老师："不用了，明天交给我就行了，下次注意。"

儿子："好的，谢谢老师。"

挂断电话，儿子长长舒了一口气，如释重负。

郭女士："跟老师解释清楚，是不是感觉心头一块大石头落地，轻松了很多。"

儿子继续吐着气回答："是啊。"

郭女士："我发现你的沟通能力越来越强了。"

儿子："这都是你教的。"

郭女士："那也是因为你学得快啊。一教就会。"

孩子遇到了问题，父母可以为他们提供帮助，不过如果这里的"帮"更侧重于"代替"，就会削弱孩子承担责任与成长的体验。鼓励孩子自己解决问题，既可以有效避免由于传话而造成信息的遗漏，又能给孩子创造一个成长的极好契机，一举两得。

在孩子成长的过程中，总会遇到各种问题。家长不要急着插手，可以先问孩子几个问题，听听他们的想法。通常，问不了几个问题，事情就解决了。家长不妨试一试。

第一个问题："事情的经过是……"

这个问题看起来不起眼，但非常重要。遇到突发状况，很多人都会习惯性地太快下判断："一定是你先打他，他才会打你。""一定是你做错事，老师才会处罚你。"不让孩子从他的角度讲述事情的经过，很可能冤枉了孩子。况且，让孩子说话，即使确实是他的错，他也比较容易认错。

第二个问题："你现在的感受是……"

事情经过是客观事实，当事人心里受到的冲击是主观感受，无所谓是非对错。很多时候，只要把自己的感受说出来即可。只要说出来，哭一哭，骂一骂，心情就会好很多。

脑科学研究表明，个人情绪强烈时，外在刺激就不容易被脑部吸收。也就是说，当情绪激动时，别人说什么话，他都听不进去。只有心情平静下来，才可能冷静思考。所以，如果想让孩子将你的意见听进去，就要先理解他的感情，让他的情绪有个出口。

第三个问题："你想要怎样？"

待孩子冷静后，可以问出这个问题。这时不管孩子说什么惊人之语，都不要急着教训他。

第四个问题："那你觉得有些什么办法？"

在这个阶段，可以跟孩子一起做脑力激荡，想出更多的方法，合理的、不合理的、荒唐的、可笑的、恶心的、幼稚的……这时候，无论听到什么，都暂时不要作批评或判断。

第五个问题："这些方法的后果会怎样？"

如果孩子想不出其他方法，就可以问这个问题，让孩子认真检视每个方法的后果。如果孩子的认知有差距，就可以跟他好好讨论，让他明白现实真相，提高亲子沟通的效果。但是，要少些说教，只需陈述事实即可。

第六个问题："你决定怎么做？"

孩子通常都会选择对自己最有利的状况，如果他了解后果，更会做出最合理、最明智的选择。即使孩子的选择不是成人期望的结果，也要尊重他们的决定。父母要言而有信，不能先问他怎么决定，又告诉他不可以这么决定，否则孩子今后可能就不敢信任你了。何况即使孩子的选择是错误的，他也能从错误中学到教训。

第七个问题："你希望我做什么？"

提出这个问题，目的就是给孩子提供支持。

第八个问题："结果怎样？有没有如你所料？"

事情过去之后，问孩子这个问题，孩子就能有机会对自己的判断作出检视。

如此练习几次，孩子就能具有自己解决问题的能力，不再需要父母操心了。

第十五章
合作：独木难成林，一人不为众

接受他人是合作的前提

从本质上来说，合作的过程其实就是孩子发挥自身优势，发现别人长处的过程。只有发现对方的长处，欣赏对方的长处，合作起来才会更有动力。

欣赏和接纳他人，要求孩子不能以自我为中心，做事时要想到别人，待人慷慨大方，成为一个有魅力、受人欢迎的人。

布兰奇、萝丝、雷欧是三个年龄相仿的小朋友，布兰奇和萝丝是最好的朋友，雷欧却总是想方设法地烦他们。

布兰奇和萝丝都喜欢唱歌、跳舞、化妆、参加派对、放声大笑。她们之间的相同点很多，不同点也有，比如，布兰奇喜欢穿着袜子飞奔，而萝丝却喜欢光着脚跑。

　　一天，萝丝穿着两只完全不同的袜子去上学，雷欧看到了，就鼓动全班同学嘲笑她。为了帮助萝丝，布兰奇也穿着不同的袜子去上学，于是雷欧就鼓动全班同学嘲笑萝丝和布兰奇，结果越来越多的同学都穿着不一样的袜子去上学，最后只有雷欧一个人穿同样的袜子，雷欧被孤立了。不过，最后大家依然接纳了雷欧。

　　这个关于包容的故事告诉我们，即使是最好的朋友，也会有不一样的地方，只有尊重别人的不一样，接受他人的不同，才能产生最佳的合作效果。

　　随着孩子慢慢长大，接触的人会越来越多，经常会遇到与自己的外貌、性格和喜好等都不同的人。而习惯了以自我为中心来看待周围事物的孩子，也容易因为自己的偏见而产生排斥和疏远的心理。为了提高合作效果，就要让孩子学会包容别人的不一样，主动接纳对方。

　　正如一位哲学家所说："宽容需要智慧。"现在，很多孩子做事时都是以自我为中心，不管发生什么事，首先考虑的都是自己，而不是别人。别人做错了，他们无法容忍，就会抓住不放。

　　北京师范大学教育系和中国青年研究中心曾对中小学生进行过抽样问卷调查，其中一个问题是："当你讨厌的同学需要你的帮助时，你可以帮助他，你会帮助他吗？"结果，小学生中回答"会帮助"的占 59.8%，中学生中回答"会帮助"的占 41.7%，高中生中回答"会帮助"的占 37%。可见，虽然很多孩子都愿意帮助别人，但是从小学到高中，愿意帮助别人的孩子的数量在逐渐减少。

　　调查中的另一个问题是："如果有人曾经欺负过你或严重伤害过你，

你会怎么做？"结果，只有 **29.9%** 的学生"会原谅"，约 **24%** 的学生选择"很难原谅"或"永远不会原谅"，剩下的学生则选择"会原谅但不会忘记"。可以看出，能够积极宽容别人的孩子很少。

元旦这一天，各学校都在举行庆元旦活动。有一所学校举办了音乐会，任何人都可以去听。主席台上装扮得很有节日气氛，很多家长都来参加活动。

开场时，老师带着两排穿着得体服装的孩子登台。从他们在台上的表现可以看出，多数孩子都有智力障碍。其实，这就是为特殊儿童举办的音乐会，希望他们和普通人一样能登台表演。

看到这些特殊孩子，观众并没有表现出大惊小怪。

一个小男孩问妈妈，他们为什么这样唱歌（指跑调）？

妈妈立刻把手指放在嘴唇上示意他别讲话，然后小声地在他耳边说："在别人演出时提问题，非常不礼貌。"

唱完一首，台下响起了雷鸣般的掌声。这个妈妈对孩子说，他们不是唱得不好，只是唱得和我们不同而已。

这里，这位妈妈通过一个"不同"，在向孩子传递了一个信息：人与人之间是千差万别的，要尊重和理解这些差异，不能用自己的标准去衡量别人，这是一个人起码的教养。只有具备了这种教养，孩子才能接纳他人的不同。

包容是一种优秀的品德，可以让孩子的心胸变得宽广，可以让他们善待他人，进而形成良好的团队关系。从这个意义上来说，孩子的包容心有多大，未来发展的舞台就有多大。没有包容心，孩子就容易以自我为中心，不管做什么事，都只考虑自己的感受，心胸狭隘，会为了一点鸡毛蒜皮的事与人争执。

世界是多元化的，在团队中孩子会接触形形色色的人，会跟无数生活方式、思维意识和价值观进行碰撞。如果在碰撞发生时，他们不懂得理解和接纳，就会承受巨大的痛苦。只有主动接纳他人，才会受到他人的欢迎。

懂得分享，更能融洽关系

想让孩子在一个集体中获得友谊，并友好地与其他孩子相处，首先就要教孩子学会分享。

担任中班班主任这段时间，王霞跟孩子生活在这个温馨的小家里，觉得很幸福。不过，在相处的过程中，王霞也发现了一些问题，比如，幼儿经常流露出以"自我为中心"的心理倾向，"霸道"地认为："我喜欢的东西就是我的！"抱有这种思想，孩子不受集体欢迎，更不利于其今后的健康成长。

在区角活动里玩耍时，小杰经常跟大家闹得不愉快，不是哭就是大闹一场，无论王霞怎么调节，他都不高兴。跟他一起玩的小朋友说："小杰喜欢抢玩具，不给其他孩子玩，东西都拿在自己手里，其他人都玩不到。"

有个孩子甚至说："我都喊他哥哥啦，他也不给我玩，还打我。"听了孩子们的"控诉"，王霞明白了，原来是小杰把玩具都揽到自己手里，不愿意与大家交流和沟通，小朋友都不敢接近他。

王霞看了看了坐在旁边小椅子上的小杰，然后轻轻地走到他面前，蹲下来问："小杰你看，别的小朋友玩得快乐吗？你能将你口袋里的玩具拿出来，跟大家一起玩吗？"他说"愿意"，但依然低着头。王霞对其他小朋友说："瞧，小杰现在要和大家一起玩了，你们高兴吗？""高兴。"其他孩子一起回答道。

小杰的脸上也露出了微笑。

同样，在家庭教育过程中，父母的一个重要工作就是，让孩子知道分享，如果不愿意和伙伴分享，会被大家排斥。

不懂得与人分享，孩子长大后步入社会，就无法与人和谐相处，不会互帮互助，更不要说跟他人有"福"同享，不利于孩子在社会上的立足和发展。

孩子发展人际关系的第一阶段，就是要学会分享。懂得分享的孩子不仅容易交到朋友，也更容易融入一个新的集体中。有些孩子很难适应新环境，一个原因就是他们不懂分享，无法和别人交流。

为了让孩子走好人生的第一步，父母就要从自身做起，让孩子学会分享，懂得"付出才有回报"的道理，让孩子体会与人分享的快乐。

放学回到家，妈妈见艾米满脸不高兴，问他发生了什么事。

艾米回答说："今天老师布置了作业，让每个小组做一个手工玩具，我们小组意见不和，我想自己做，没有他们，我一个人也可以。"妈妈本想劝说一下，但是看到艾米坚持的样子，决定先等等看。

艾米自己画了图，打算做一个变形金刚的手工盒子。可是，因为家里没有足够的材料，艾米一晚上只画了一幅草图。

看到艾米垂头丧气的样子，妈妈温柔地说："我觉得这幅图画得很好，你为何不拿给小组的同学看看呢？如果大家都同意，你们就能一起去买材料了。如果他们有更好的意见，你还能再完善一下。"

艾米听了妈妈的话，把图拍了照片，发给了其他小组成员。过了一会儿，艾米收到很多称赞，大家都说可以按照这个来做，还有的小伙伴说可以提供所需的材料。艾米便兴致勃勃地拿着妈妈的手机和其他组员讨论了起来。

在小组合作中，艾米出现了问题，不想继续合作下去，妈妈的鼓励和建议让艾米再一次和小组伙伴走到了一起，在和小组伙伴的沟通中，艾米得到了其他伙伴的帮助，小组成员提供材料也满足了艾米的需要。在这一过程中，艾米体会到了合作的力量。

学会和他人合作，孩子就能看到更广阔的世界。在团队中，既有团队之间的竞争和对抗，又有团队内部的合作，都能更好地培养孩子的合作能力和团队精神。

孩子具有强大的可塑性，在孩子很小的时候就向他灌输"人不为己，天诛地灭"的思想，孩子多半会变得自私，心里也会装不下别人；他们只想着自己，长大后更会变得贪婪，甚至见利妄为，成为一个极端利己主义者。反之，从小就教导孩子遇事要多想想别人、多给别人提供方便、多关心他人，孩子就会作出更多的利他行为，为别人着想。

自私的孩子，一般都缺少与他人合作的机会，不懂从他人的角度看问题。为了让孩子学会分享，就要给他们创造和他人合作完成某件事的机会，比如，让孩子在学校多参加一些课外活动，多与其他孩子一起讨论问题等，使孩子在集体氛围中受到启迪，改掉缺点。在与其他同学的交往中，孩子慢慢就能学会合作，学会尊重他人，变得不再任性和自私。

当然，为了培养孩子的分享意识，父母还可以这样做：

1. 父母要以身作则

任何教育都比不上父母的言传身教。父母对孩子的影响是深远的，要想培养孩子的分享意识，父母就要在日常生活中对孩子进行分享教育。父母跟朋友的相处方式，也会对孩子造成影响，孩子会学习到父母的相处之道。和朋友交流时，如果父母自私自利、不懂得分享，孩子多半会受到父母的消极影响；反之，如果父母喜欢分享，也会间接影响孩子。

2. 告诉孩子分享不等于失去

孩子之所以害怕分享，一个原因就是，他们觉得分享就是失去。父母要告诉孩子，分享不仅不等于失去，而且能让人收获更多意想不到的好处，比如朋友。对于孩子来说，朋友是他们生活中非常重要的部分，通过分享，就能结交更多的朋友。把这些好处告诉孩子，孩子自然就能明白分享的好处。

3. 鼓励孩子的分享行为

孩子的优点完全可以通过父母的鼓励与赞扬得以增强，其中也包括孩子注意不到的优点。在生活中，孩子不经意地做了某些好事或好的行为，父母就要及时表扬，让孩子意识到自己这样做是对的，还能得到父母的赞扬，之后孩子就能加深自己的这种行为。

好的合作都是求同存异

对于团队精神，最重要的就是"求同存异"。只有建立在共同意愿之上的团队精神，才是团队生存的基础，这也是团队核心思想的求同。

家人约定周末去郊外爬山，然后野餐，孩子们高兴极了。临行前一天，一家四口人一边商量一边准备：妈妈去超市买食品，爸爸准备烤肉的炉子，老二负责所有餐具，老大负责准备调料。大家分工明确，欣然同意，各自去准备。

老大本该负责准备调料，但他觉得很快就能准备齐全，便跟邻居家的孩子一起出去玩了。爸爸本想阻止他，但想到耽误一会儿也没事，便上楼休息了。到了晚上，老大拿着一袋子瓶瓶罐罐就上楼睡觉了。

第二天早上，大家高高兴兴地出门了。大家兴致勃勃地爬完山，便去了选好的野餐地点。

大家和和美美地在椅子上坐下，肉烤熟后，该往烤肉上撒调料了，却发现没有调料。老大知道是他的原因让这次野餐出现了纰漏，惭愧地低下了头。可是，爸爸妈妈并没有责备他。

通过这件事，老大认识到，自己的行为影响了自己和他人，大家是一个整体，密不可分，牵一发而动全身。

只有具有团队合作意识的人，才能走得更远。要让孩子知道，个人的价值只有在集体中才能得到体现。如果孩子动手能力强，想出的点子也不错，但他的想法跟别人不一致，也不愿意改变自己的想法，就会固执已见；谈到别人时，如果孩子对别人挑剔，也就少了客观看待事情的品质。

在团队中，大家分工明确，互相配合，求同存异，才能成功地完成任务。

有这样一则故事：

一天，哲学家苏格拉底拿出一个苹果，对学生说："大家现在闻闻空气中的味道，是什么味？"

很快，一位学生举起手来，说："是苹果的香味。"

苏格拉底走下讲台，举着苹果慢慢地从学生身旁走过，要求大家仔细闻一闻，空气中是否有苹果的香味。除了一名学生外，其他学生都举起了手。

苏格拉底问那位没有举手的学生说："难道你真的什么气味也没有闻到？"

那位学生肯定地回答："我真的什么气味也没有闻到。"

之后，苏格拉底向大家宣布："他的回答是正确的，因为这是一只假苹果。"

这个学生就是后来大名鼎鼎的哲学家柏拉图。

在孩子们中，人云亦云、盲目从众是较为普遍的现象，由于群体的引导和压力，孩子会不知不觉或不由自主地与多数人保持一致。其实，团队中的每个人都各有长处和不足，关键是成员之间以怎样的态度去看待。只有在平常之中发现对方的美，少些挑剔，培养自己求同存异的素质，才能培养团队精神。

团队成员各种各样，比如，性格方面，有的内向，有的外向；思想方面，有的没主见，有的比较偏激；习惯方面，有的爱计较，有的爱占便宜，有的是老好人。但是，团队的成员都是奔着共同目标而去的，需要求同存异。

不要让孩子不分是非地融入集体。在集体中，要让孩子学会求同存异，遵从集体当中的主流价值。

第十六章
反省：不断反省，才能完善自我

不直接对孩子的错误横加指责

处于成长过程中的孩子，会遇到这样那样的问题，如果经验不足，就会犯很多错误，这些错误就会成为孩子成长的垫脚石。当然，这个过程也是孩子积累知识和经验的过程。

网络上曾出现过一种奇特的"教育"方式。

上海，凌晨3点半，男孩被父亲送到火车站，丢下一个碗，让男孩跪着讨饭。

开始的时候，民警很不理解，看着衣衫单薄的孩子，特意询问："你爸喝醉了？"

男孩矢口否认，然后小声解释说，自己少写了作业，父亲在用这种方式惩罚他。而且，父亲是趁着妈妈睡着，偷偷把他带出来的。

将孩子送到目的地后，父亲就赶去上班了。这位父亲想必尝过生活的苦，才会如此痛心，不惜用这种激烈的方式来惩罚孩子。

男孩平时比较调皮，不写作业，父亲气急攻心，为了让孩子知道"不好好学习就只能到处乞讨"，便采用了这种极端方式。爸爸的痛心可以理解，可是一时的冲动，很容易让孩子陷入险境，一旦发生危险，将追悔莫及。何况，孩子最信任和依赖的亲人抛下了他，还采用了如此打击孩子自尊的方式，可能会成为孩子一生的痛。

孩子犯错误时，其实大人根本不用指责和吵骂孩子，要允许孩子犯错误，正确认识或理解孩子所犯的错误。让孩子去尝试和犯错，孩子就能减少挫败感，变得更加勇敢和理智。

这天，杜女士在家带孩子。母子三人坐在地上，平时懂事的老大突然推了妹妹一把。妹妹本来自己在玩，经这么一推，没反应过来，瞬间倒在地上，大哭起来。

杜女士看到这一幕，明显是老大欺负妹妹。她却在第一时间抱起老大耐心地问："你为什么要把妹妹推开？"

老大认真地说："因为我想抱妹妹，所以我把她推开。"

杜女士顺势做了一个将妹妹推开的动作，老大立刻认识到了自己的错误，说："不能把妹妹推开，否则妹妹会受伤。"

杜女士之所以会这样做，是因为她知道，父母越大声吼孩子，孩子越害怕，然后就会用一种失控的方式让你知道，我很害怕。到时候，父母很容易崩溃。

孩子犯错在所难免，可能他们的出发点很好，但因为协调能力发展不健全，就会做一些错误的事情。

清代思想家、教育家颜元曾说："数子十过，不如奖子一长；数过不改也徒伤情，奖长易劝也且全恩。"因此，孩子做错了事，不要一味地批评，要耐心沟通，引导孩子在错误中总结经验，避免下次再犯。

每个人都会犯错，孩子当然也会犯错误。对于成长中的孩子，父母应该给孩子犯错误的机会，正确认识孩子所犯的错误，并给孩子提出合理的建议。

其实，孩子在犯错误的过程中学到的知识和经验，比在正确的决定时收获的知识和经验更多。只有在犯错误的过程中，孩子才能学到更多的东西，才能积累更多的经验，进而在日后的生活过程中不再犯类似的错误，避免踩这样的雷区。

1. 不要当着别人的面指责孩子

在教育孩子的事情上，父母都付出了很多努力，希望孩子能够通过自己的教育变得更加优秀。但是，当孩子犯错误时，很多父母却无法忍受，就会指责孩子。其实，父母的想法很简单，只是想纠正孩子的错误。可是，如果不注重方法，太过急躁，就会演变成责骂孩子。

孩子最烦的就是父母的责备，他们觉得这样很丢脸，也会厌恶父母这种行为。孩子都有个性且比较鲜明，自然就会经常犯错。父母当着他人的面对其指责，他们的自尊心就会受挫，继而产生逆反心理。因此，批评孩子时，父母一定要把握好度，尤其是当着外人的面，更要容忍孩子，少些批评。

2. 让孩子意识到错误

孩子之所以会在同一件事情上频繁犯错，就是因为他们没有意识到这件事情本身就是错误的。可能已经告诉孩子很多遍，孩子却没有及时改正，父母可能觉得孩子是故意的。其实，很多时候并不是这样，只不过是父母一直强硬地要求孩子不要这样做，孩子却觉得自己没有错，根本没有当回事儿。

除了让孩子及时改正错误，也要表扬一下他的长处，让孩子从内心深处觉得虽然自己做错了，但只要改正，就能成为一个好孩子。只有孩子明白了这个道理，他们才能够认真面对错误，才会在今后的日子里改正，不会丢失自信。

让孩子正确认识自己

每个孩子都是独立的个体，具有独特的个性。引导孩子正确认识自己，才是做最好自己的开始，孩子才能正确认识整个世界。

小亚从小就非常乖巧听话，很懂礼貌，几乎不怎么让父母操心。让人始料不及的是，刚上幼儿园两天，她就不想去了。询问之后，妈妈才知道，原来孩子觉得自己太笨，感到很自卑。

小朋友们都各有特长，会唱歌，会跳舞，尤其是新朋友杜茜，还能流利地回答老师的问题，自己却支支吾吾回答不出来。小亚觉得自己毫无优点，学习能力也不强，自信心受到打击，她就不愿再去幼儿园了。

显而易见，小亚过分放大了自己的缺点，没有正确认识自我，最后产生了自卑心理。

在教育孩子的过程中，不能只重视对孩子各方面的培养，例如，智商、情商、逆商等，却忽视了根本，让孩子全面正视自己，才是家庭教育的第一步。

古语说得好，"知人者智，自知者明"，能了解和认识别人的人确实聪明，而能认识和了解自己的人才算真正有智慧。孩子同样需要具有自我认识的能力。因为只有清楚地认识自己，才能正视自己的优缺点，才能客观地看待问题，才能不断进步。

回到家后，男孩失落地对妈妈说："妈，今天班上竞选班委了。"

妈妈问："结果怎么样？你参加了吗？"

男孩有点后悔的样子说："没参加。"

妈妈："怎么不去试试？这是个锻炼自己的好机会呀。"

男孩回答："其实我也想参加，可是竞选班委要上台发言，还要说出自己的优点、能胜任的理由，我不知道自己有哪些优缺点，也不知道该怎么说。"

听完男孩的苦恼后，妈妈拿出一张纸，从中间对折，对他说："现在思考一下，把自己的优点写在左边，缺点写在右边。"

男孩从来没有思考过这样的问题，大约 20 分钟后，他才完成了对自己的审视。

满满一张纸都是自己的优缺点，男孩不禁说："原来我有这么多优缺点啊。"

妈妈说："对啊，每个人都有很多优缺点，只是多数人不了解自己罢了。现在，你知道该怎么做了吗？"

男孩信誓旦旦地说："知道了，我要发挥自己的长处，改掉缺点，争取下学期当上班长。"

妈妈点点头，给了儿子一个大大的拥抱。

竞选班委时，男孩不知道该说什么，因为他根本就不了解自己，不知道自己有哪些优缺点，事后在妈妈的帮助下，才对自己有了清晰的认识。

孩子的成长其实就是一个不断认识自己、发掘自己的过程，只有正确地认识自己，才能发现自己最擅长的地方，才能清晰地认识到自己的不足，进而加以改进，完善并提升自己。

正确认识自己，主要包括：认识自己的身体发育情况、心理状态、优点和弱点，以及能力、个性和爱好。

只有正确地认识自我，孩子才能更好地安排自己的学习和生活，才能坦然面对挑战，不断地完善自我，提高自我。从这个意义上说，认识自我是自我发展的开始。

不过，孩子的自我认识并不是与生俱来的，而是在后天逐渐形成的。对孩子来说，认识自己的过程也是一个不断发展的过程。

一般来说，刚出生的孩子根本就不了解"我"的概念，经常会将自己与别人、自己与事物混为一体。他们甚至会使劲拉扯自己的头发、咬自己的脚趾，直到觉得疼了，才哇哇大哭，这种经验却是他们知道"自己"的必经之路。

在孩子自我意识的形成阶段，家长是孩子的一面镜子。这面镜子照出来的形象可以是美丽的，也可以是丑陋的。所以，孩子的自信首先来自家长。

1.让孩子感觉到"我重要"

在孩子的自我观念中，通常只含有自我需求的成分，不包括自我评价的成分，所以让孩子感觉到自己的重要性，也只是在具体活动中让孩子有点良好的感觉而已，但这种感觉对孩子身心发展非常有益。

2.让孩子感觉到"我能干"

在生活中，总是命令孩子，这不能动、那个不行，会让孩子感到自己无能。

3.让孩子感到"我也爱美"

爱美之心人皆有之，即使孩子长得不漂亮，家长也要通过转化性语言，让孩子感受到积极的一面。比如，孩子长得黑，就说："这是黑里俏。"

4.让孩子学会认识自己

认识自己包括认识到自己的发育情况，知道自己多高多重、长处短板、个性特点等。

5.让孩子跳出一个"我"

孩子从"我"到"我们"、从自我到他我、从个人到集体的适应过程，也是他们的成长历程及社会化过程。比如，在注意力训练过程中，让孩子意识到某些训练需要和伙伴配合，意识到个人行为与集体力量的区别，都可以帮助孩子以恰当的姿态走入社会。

教育孩子每日反省自己

《论语》中有言："吾日三省吾身：为人谋而不忠乎？与朋友交而不信乎？传不习乎？"这句话告诉人们，要学会反省自己。因为只有懂得反省，才能不断发现问题，解决问题，从而不断进步。对于孩子来说，同样如此。

周末，丞丞跟妈妈去姥姥家。舅舅吹口琴时，被丞丞发现了。看到舅舅将一个长条形的东西在嘴上移来移去，发出了优美的乐曲声，感到异常神奇，丞丞被迷住了。

舅舅吹完口琴，递给丞丞玩儿。该回家了，丞丞舍不得放下口琴，趁人不注意将口琴装在自己的书包里带走了。回家后没多久，舅舅给妈妈打电话说自己的口琴不见了，妈妈说"知道了"。

第二天早上上学之前，丞丞想告诉妈妈是自己拿了舅舅的口琴，却什么也没说。一整天，丞丞都抓心挠肺，好不容易放学了，一回家，他就鼓足勇气告诉了妈妈，自己拿了舅舅的口琴，还主动承认了错误。

听了他的话，妈妈不仅没有批评他，反而高兴地说："我等的就是你这句话，妈妈相信你一定能反省出自己的错误。"

所谓自我反思，就是做完一件事情后，通过回忆、反思等方法去认识自我、完善自我、不断进步。换言之，自我反思能力就是一个人不断提升自我的基本能力之一。不会反思自己行为的人，不仅无法改正自己的错误，更容易变得独断专行、性格怪异。

对孩子来说，学会"吾日三省吾身"，更有特别的意义。如果孩子不会自我反省，就永远长不大；唯有懂得反省，才能不断修正错误，不断进步，才有助于孩子性格的逐渐完善，让他们慢慢走向成熟。

有一次，王女士送给大宝两条漂亮的小金鱼。大宝看到后，非常高兴，他将鱼放放进了玻璃碗，然后自己坐在一边看小鱼自由自在地在那里游。后来大宝居然将小鱼丢进了一个空盆子。看到金鱼不停地摇动尾巴，大宝更开心了。

看到他的这种行为，爸爸很生气："你怎么可以这样？这样做，鱼会死掉的。现在立刻将它们放到水里。"可是，大宝并没有意识到自己的错误。

之后，爸爸换了一种说辞："你这样做，小鱼会很不开心。想想看，如果你口渴了，我们却不给你水喝，你会怎么样？"

大宝说："我会很难受。"大宝似乎明白了爸爸的话，立刻将鱼放到了水缸里。

孩子犯了错误，父母不能一味地责备，更不能打骂他们，否则不仅毫无作用，也无法让孩子意识到自己究竟错在哪了。父母要用说教的办法帮助孩子，让他们意识到：犯了错误要自我反省。只要孩子认识到自己的错误，就能收到良好的教育效果。

古今中外很多名人都非常注重反省。比如，古希腊学者苏格拉底认为："未经自省的生命不值得存在。"

再如，《论语》中曾子说："吾日三省吾身，为人谋而不忠乎？与朋友交而不信乎？传不习乎？"

曾子反省的虽然都是生活琐事，但由于这种反省是持续不断的，所以他最终成为一个道德和学识都获得巨大提升的贤者。

不过，反省虽然是一种提升自己、不断进步的良好品质，却不是任何人都能做到每天反省，尤其是孩子。所以，为了促使孩子不断进步，父母就要引导孩子每天反省自己。

1.睡前和孩子一起反省

俗语说："静坐常思己过，闲谈莫论人非。"每天晚上睡觉之前，可以和孩子对当天的活动进行简单的回顾和反思，并让他们说说自己什么事情做得比较好、什么事情做得不好。同时，让他们思考：对于做得不好的事情，是否有更好的做法？当然，父母也要回顾和反省，内容可以是工作、情绪、人际关系等各个方面。

睡前反省，父母绝不能敷衍，否则孩子就不会慎重对待，自然也就无法将睡前反省坚持下去。所以，父母要以身作则，用真诚、认真的态度表示对此事的重视，继而对孩子造成积极影响。

2.给孩子一段时间让他反省

在孩子成长的过程中，总会犯这样或那样的错误。孩子犯了错误，父母要跟没事人一样，一如既往地对孩子好。因为当父母意识到问题时，孩子也在经历内心的煎熬，这个煎熬的过程就是反省的过程，只有经过反省，孩子才能真正认识到自己的错误。

孩子出现错误，立刻就要求孩子承认并改正，就会跨越反省的环节，即使孩子承认了错误，也是被父母逼迫的，不一定是他们真的意识到了自己的错误。所以，孩子做错事时，要给他们反省的时间。

3. 让孩子总结经验教训

成功和失败虽然都是结果，但导致这个结果的却有很多因素。及时分析事件的过程，就能总结出成功的经验、失败的教训，继而对今后的言行作出指导，促使下一次能够成功。

对孩子来说，总结经验或教训的过程也是一个反省的过程。经常总结经验教训，孩子就能不断自省，所以一定要让孩子学会总结。比如，孩子和别人打架了，要让他们反省打架的原因和过程，思考如何才能和平解决问题。在总结经验教训时，父母可以辅助分析，要将主要工作交给孩子，否则很容易越俎代庖。

告诉孩子"人非圣贤，孰能无过，过而能改，善莫大焉"的道理，鼓励孩子认识并改正错误，孩子的进步就会越来越大。

第十七章
创造：具有创造思维的孩子更智慧

想让孩子有创新能力，先从观察力开始

观察力是促进孩子智力发育的基石，是他们获取身边事物信息、丰富表象、发现事物之间联系的基础，对于想象力和逻辑思维的发展都有很重要的意义。事实证明，善于观察的孩子，必定也善于思考和分析。

看到小蚂蚁，他们会趴在地上研究个不停。

路上碰到小石头或小树枝，他们会像捡了宝贝一样带回家，玩到停不下来……

如果孩子出现上述这种情况，你是否会粗暴地制止？比如：

"快快快，外面风太大，小心被吹感冒。"

"脏死了，都是泥巴，赶紧扔掉。"

"到处都有的东西，有什么好玩的？"

明智的父母都不会这样做，因为他们知道，此时正是培养孩子观察力的好时机。

如果孩子总是好奇周围的事物，小手不停地触摸各种东西，这是他们在观察这些事物。在观察之后如果不能得到理想的答案，会对他们今后的生活和学习造成一定的影响。

这天，一位老师走进了教室，他先做了一段简短的开场白，之后告诉讲台下正等着上课的学生："今天我要给大家做一个小游戏，大家先看着我。"

老师先将一个贴着"尿"字的大玻璃瓶放到讲台上，然后把自己的手指头伸进大玻璃瓶，用手指头蘸了蘸瓶里的液体，最后把手指放进嘴巴里。一众学生看得目瞪口呆："天哪，老师竟然把沾着尿液的手指头放进了嘴巴里。"同时也很担心：老师会不会也把我叫上讲台跟着做这个实验？

然后，学生就听到了老师的提问："哪位同学可以重复一下我刚刚做的动作？"学生的担心变成了现实。如果是在平时，只要老师出题，大家都会抢着回答，如今这样的场面似乎消失了，多数学生都立刻摇头："谁敢把沾了尿液的手指头放进嘴巴里。"

最后，坐在最角落的女生站起来，说："老师，我愿意。因为刚刚老师蘸尿液的手指是食指，可您真正舔的却是中指。"老师听完，笑着说："其实，咱们这一节课考察的就是同学们的观察力。"

所谓观察力，就是有目的、有计划、比较持久地将注意力聚焦于某些事物并得到信息的能力。小学阶段是培养孩子观察力的重要阶段。

观察力强的人，通常都能发现细微变化、事物的发展和不同之处，继而获得更多的信息。在《福尔摩斯探案全集》中，福尔摩斯之所以能在最短的时间里破案，敏锐的观察力就是主要因素之一。

生活中，很多人都会用"是否聪明"来形容孩子智商的高低，但是对世界产生重大影响的伟人，多数都有着极强的观察力，比如：

牛顿被苹果砸中，经过仔细观察后，研究发现了万有引力，为人类物理学作出了巨大贡献；

达尔文曾经说："我既没有突出的理解能力，也没有过人的机智，只是在观察那些稍纵即逝的事物并对其进行精细观察的能力上，可能在众人之上。"

巴浦洛夫曾经对他的学生说："应该先学习观察。不会观察，你永远当不了科学家。"

不过，观察力并不是与生俱来的，需要在后天的学习中培养，在实践中提高。所以，家长要注意培养孩子的观察力。

1. 观察大自然

大自然的一切都是培养孩子观察力的最佳课堂，大自然的千变万化就是最好的学习材料，为了培养孩子的观察力，家长就要经常带孩子到大自然中去。可以让孩子观察山、水、土地、气候、四季、风、星辰、花草树木、鸟、兽、鱼、虫等自然景象，大幅提高孩子的感知能力和观察力。

比如，春季温暖、夏季炎热、秋季清爽、冬季严寒；北方冷、南方热；花草树木有不同的颜色、形态，有发芽、成熟、衰败等自然界的变化过程。在观察周围环境的过程中，还要引导孩子进行感觉、比较、提问，提高孩子的观察能力，开阔孩子的视野。

2. 在观察中感觉

在观察事物时，要引导孩子充分利用自己的多种感觉器官，通过看、听、嗅、触摸、品尝和皮肤的感觉等来获得对外界事物的认知。比如，家中买回来的鱼，不仅要让孩子看，还要让孩子触摸，抓一抓，然后让他说说感受。

3. 在观察中提问

观察时，要让孩子多提问，多问为什么，鼓励孩子发表自己的看法，并提出新问题。同时，家长也要向孩子提问题，指导孩子观察事物的规律和观察分析的顺序，引导孩子透过现象看本质，使孩子的观察力得到提高。为了鼓励孩子的积极性，家长还可以和孩子比赛，看谁观察到的细节多，久而久之，孩子就能变得更聪明。

4. 在观察中比较

要引导孩子将看到的自然现象和生活中的物品进行比较，比较两者的相同点和不同点。比如，冬天的花与夏天的花有何区别？风和雨有何区别？老虎与狮子有何区别？青菜与白菜有何区别？……让孩子在区别事物时提高观察力。

鼓励孩子的奇思妙想

一项伟大的发明或科学成就，很可能是从奇思妙想中诞生的。

爱迪生是伟大的科学家，他出身低微，家境贫困，仅上过3个月小学，却以罕见的热情和惊人的精力，完成了2000多项发明。其实他小时候就非常热爱科学，遇到事情时，喜欢寻根追底，总要试一试。

一次，他看到母鸡在孵蛋，好奇地问妈妈："母鸡为什么卧在蛋上不动？"妈妈告诉他，这是母鸡在孵小鸡。为了搞清楚鸡蛋是怎样变成小鸡的，人卧在上边行不行，爱迪生决定亲自试一试。

他从家里拿来几个鸡蛋，找到一个僻静的地方，搭好一个窝，把鸡蛋摆成像母鸡孵小鸡那样并蹲坐在上边，打算亲眼看一看鸡蛋是怎样孵成小鸡的。

奇思妙想是一种与生俱来的才能，是孩子智慧的火花。父母要帮助孩子让智慧的火花越烧越旺，不能限制其燃烧，更不能把它扑灭；不仅要尽量满足孩子的好奇心，还要正确引导孩子。

孩子对好事一般都充满了好奇，只不过受认识水平的局限，对坏事也会感到好奇，不及时对他们进行引导，很可能会产生不良教育效果。

最近几天，儿子喜欢上了做"实验"。例如，他会把洗衣液、沐浴露、洗发水和花露水一股脑地倒在一个空瓶子里，然后拿筷子搅呀搅，再盖上盖子摇呀摇，等到这些溶液混合在一起了，他的"作品"也就完成了。

妈妈问他，做这个什么用？他没有马上回答，而是把妈妈拉到厨房。他把液体洒在垃圾桶旁边的一些小飞虫上，指着那些掉落的虫子，骄傲地回答："瞧见了吧，我的'杀虫液'能消灭这些虫子。"

妈妈惊讶地问："你怎么知道这样做可以消灭虫子？"

儿子认真地回答："是您告诉我的呀。为了预防蚊虫叮咬，您不是经常在我身上喷花露水吗？"

妈妈夸赞："你可真厉害。"

儿子挠了挠头，笑了。

孩子的眼睛里有父母看不见的世界，孩子的嘴里有父母听不完的天真，孩子的双手上有父母想不到的创造。这就是孩子天生的奇思妙想。

奇思妙想是孩子成才的根源，是取得优异学习成绩的基础，更是产生创新精神和能力的动力。

父母都渴望自己的孩子能够聪明一些，希望他们长大后能够有所作为。可是，许多父母不了解孩子的心理特点，接受不了孩子爱奇思妙想的现实，总会做出违背教育规律的事情。

按照自己的主观想法设计孩子的学习和生活，限制孩子的想、说、做、看和听，会限制孩子的学习和实践，限制孩子的思维发展，限制孩子各种能力的形成。让孩子在父母思维划定的圈子里活动，孩子的聪明才智就无法得到发展。

一天，一位家长找到陶老师，向他述说了孩子的一件事。

这位家长刚买回来一只金表，结果立刻就被孩子当成新鲜玩具弄坏了。他狠狠地打了孩子一顿。

陶先生却幽默地告诉她，恐怕一个中国的爱迪生已经被他枪毙了。

陶先生认真地对家长说："不过，还有补救的办法。你可以和孩子一起到钟表铺，让孩子看看修表匠是如何修理的。这样，钟表铺就是课堂，修表匠就是老师，孩子就是学生，修理费就是学费，就能满足孩子的好奇心。"

从3岁开始，孩子会慢慢懂事，便开始思考这个世界，思考自己遇到的每一件事，并逐渐产生自己的想法和观点。孩子的想法和大人的想法同等重要，孩子的世界和大人的世界应该是平等的。在某些问题上，对于孩子的想法，父母不能进行压抑和驳斥，只有尊重他们，孩子才能有更多的想法，而不至于畏首畏尾或随波逐流。

每个孩子都是天生的科学家，他们凭着一双敏锐的眼睛，不知疲倦地探索着周围的世界，越是被禁止的东西，探索的欲望越强烈，越想打破砂锅问到底。父母甘愿做"打击英雄"，孩子就会疏于思考，时间长了，就会成为不喜欢动脑子的"懒孩子"。

为了让孩子内在的创造冲动得到充分释放，父母要抓住能激发孩子思考、想象空间的每个机会，千方百计地激发孩子的创新思维。

鼓励孩子多探索

孩子远比成年人更有想象力和创造力，这种创造力直接体现在孩子探索新事物的热情上。

有这样一个故事：

这天，一个十四五岁的男孩来到一个路口，他觉得似乎有一条小路若隐若现，在召唤着他前进。可是，他正要迈步时，母亲拦住他："孩子，那条路走不得。"

孩子说："我不信。"

母亲说："我就是从那条路上走过来的，你怎么不相信呢？要想知道路好不好走，只要问问过来人即可。"

孩子说："既然你能从那条路上走过来，我为什么就不能？"

母亲说："我不希望你走弯路。"

孩子说："我不怕，我自己选择的，我要走。"

母亲看着孩子，叹了一口气说："你这孩子太倔强，那条路很难走，你一路要多加小心。"

孩子雄心勃勃地上路了。一路走去，孩子发现妈妈确实没有骗他，那条路确实很难走。孩子碰了壁，摔了跟头，偶尔也会想停下来，但最终还是咬牙坚持了下来，终于走了过来。

父母的经验不是没有用，而是很多人不会用，特别是年轻的一代，很多事情都需要他们自己去探索、去感悟。

随着年龄的增长，孩子会产生摆脱各种束缚和依赖的独立倾向。他们喜欢探索活动，努力在生活中寻找问题的答案，这是孩子心理发展的正常现象。父母一味地限制孩子的活动，孩子就会缺乏与同龄人交往的机会；再加上，单元式的结构住宅，也不利于孩子的社会活动。

在进行探索活动的过程中，孩子不仅能体会到探索的乐趣，其思维能力、创造力也能得到发展。父母挫伤了孩子的求知欲与探索精神，会让他们沦为"听话的好孩子"，对未来的独立发展造成负面影响。

6月龄前，是培养孩子好奇心与求知欲的重要时期。这时候，孩子开始对身边事物与运动物体充满好奇心，父母可以辅导他们用视觉跟踪物体、用听觉倾听各种声音，并欣赏自己制造出的声音（如腕铃、口水发声等）；同时，要让他们用双手触摸物体，允许他们放到嘴里咬，让手和嘴共同探索物体。

6~12月龄，在孩子从爬到走的快速成长中，要鼓励他们对周围事物进行探索，包括：触摸玩具、家里的物体及接触外界，让孩子获得丰富的经验与智慧，激发他们探索的欲望，驱使他们在体能上获得更大的解放。

12~24月龄，孩子会爆发出旺盛的求知欲，可以让他们尽可能地去探索物体，并反复把玩同样的物体，做各种探索动作；要让孩子尽可能多地了解物体特性，促进他们探索能力的发展。

24~36月龄，孩子已经具有思考的理性，不仅要引导孩子进行简单模仿，还要让他们开始创造性地学习与尝试，让他门表达自己的经验与想法，激发孩子的创造精神。

所谓探索能力，就是发现问题、解决问题的能力，主动学习、主动研究的能力，独立思考、独立动手的能力。为了培养孩子的这种能力，家长可以从以下四个方面做起：

1.给孩子选择权，经常问他"为什么"

探索能力，也是一种自驱力，如果孩子对蚂蚁搬家感到好奇，就可以带他们去图书馆寻找蚂蚁搬家的资料；然后，结合资料和观察，总结出自己对蚂蚁搬家的收获。这种收获比在孩子旁边耳提面命的教育强百倍，更能取得较好的效果。

要想掌握这种能力，首先就要给孩子选择权，比如，让孩子决定吃什么、去哪里玩、看什么书、学什么技能。孩子决定后，更重要的是问他们"为什么"，比如：为什么做这个决定？让孩子给出理由，促使孩子学会决策，学会思考，学会为自己的决定负责任。

2.给孩子更多的团体经验

发展心理学强调，青少年的自我认识是从社会互动中产生的：别人怎么看我？怎么评价我的能力、兴趣、外表？我怎么与别人相处？

研究显示，青少年时期，孩子的"友谊质量"，是形成"自尊"与自我评价最强的决定性因素之一。在探索过程中，孩子可能是独立的，但随着孩子逐渐长大，探索就会由团队合作完成。从这个意义上来说，社交合作也就成了孩子必须学会的技能。

当然，这里的合作探索，还需要依赖学校和机构，父母可以挑选一些有趣的夏令营和冬令营，让孩子在这里学习探索。

3. 培养孩子的意义感

孩子在温室中成长，时刻有家人照顾，很容易产生一种空虚感。而时不时带孩子参加公益活动，帮助别人或者为地球的环保做贡献，孩子就能通过"为别人服务"的经验创造意义感，进行最佳探索。

比如，带孩子出门捡垃圾，保护城市环境，做点力所能及的公益活动。

带孩子探索蔬菜园，让孩子理解农民伯伯的艰辛，体会"谁知盘中餐，粒粒皆辛苦"的意义。

带孩子探访消防员和消防车，向孩子普及消防安全知识，让孩子在探索过程中找到自己存在的社会意义。

4. 给孩子足够的尊重与支持

在自我探索的过程中，孩子很容易给人造成叛逆、耍酷的印象，比如，去田野里玩，经常将自己搞得灰头土脸，或偶尔喜欢玩点危险的动作，惹得父母担心。其实，探索的过程就是一个"犯错"的过程，要想让孩子真正成长，就要通过冲撞、偏离常轨的行为，让孩子去探索或试探。

后记

没有等来的优秀孩子。优秀孩子的打造都是后天努力的结果，更是父母付出的见证。父母不参与孩子的成长过程，不对孩子的错误行为进行校正，孩子就会随意长大，甚至可能长成歪脖子树。

孩子是父母的复印件。父母的言行和品格都会直接体现在孩子身上，你若不端正自己的心态与行为，孩子就会有样学样，无法实现自我超越，成为更优秀的人。